Michel Théron

Les Impasses
de l'Art moderne

Langage et crise du sens

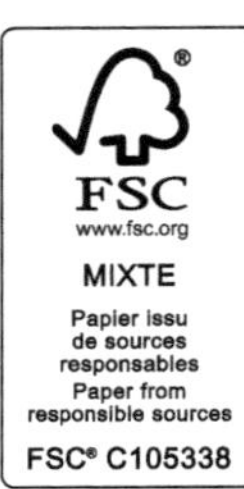

© Michel Théron, 2024

Édition : BoD - Books on Demand, info@bod.fr
Impression : BoD - Books on Demand,
In de Tarpen 42, Norderstedt, (Allemagne)

Impression à la demande

ISBN : 978-2-3225-4105-8

Dépôt légal : Septembre 2024

Avant-propos

« Signifier ? Nous signifier ! (*rire bref*)
Ah elle est bonne ! »
(Beckett, *En attendant Godot*)

L'hypothèse qui sous-tend ce petit livre est la suivante : on assiste aujourd'hui à l'écroulement d'un monde – le monde classique, monde de l'âge classique –, où tous les procédés visaient à produire un sens. On peut voir la modernité comme récusation du sens familier à l'âge classique, la déconstruction des procédés qui transmettaient ce sens, l'abandon de la construction rhétorique qui le sous-tendait.

Le problème alors est le suivant : la récusation du sens classique est-elle un refus de sens, en général ? Une récusation de sens qui s'accompagne de proposition, ou au moins de recherche, d'un nouveau sens, est moins grave qu'un refus délibéré du sens. La crise, ou la décadence de l'art aujourd'hui tient moins à son iconoclasme (les iconoclasmes sont toujours provisoires) qu'à sa récusation potentielle du sens.

Dans les réflexions qui suivent, je ferai une place aux différentes formes que peut prendre le discours verbal, c'est-à-dire traditionnellement au monde de la rhétorique. Et on verra que les problèmes auxquels est confronté l'art d'aujourd'hui sont les mêmes que ceux qui se posent aussi, et depuis toujours, à l'expression dans le monde des mots.

Ce rapprochement du monde des mots et du monde des images ne doit pas surprendre. Tout est lié en effet dans le monde de l'expression, et une crise qui affecte un domaine en affecte aussi un autre. C'est le cas pour l'art moderne, et les problèmes qui s'y posent concernent aussi la création verbale qui lui est contemporaine (le cas de la poésie étant ici un très bon exemple).

Aussi bien la rhétorique elle-même n'est pas un formalisme, elle a une signification anthropologique, et on peut en dresser une philosophie. Elle n'est pas, suivant le mot profond de Baudelaire, une suite de règles ou de techniques arbitrairement inventées et imposées à l'esprit, mais elle correspond à ce qu'il appelle « l'organisation générale de l'être spirituel ». Je pense aussi à ce que dit Proust dans *Le Temps retrouvé* à propos du style : « Le style est une question non de technique mais de vision. » L'état de la rhétorique et du style répond exactement à la situation et à l'état de l'esprit à un moment donné de son histoire.

Aussi je comparerai systématiquement dans les pages qui suivent les deux langages, celui des mots et celui des œuvres plastiques, en me demandant si ces dernières ne se sont pas parfois engagées, comme aussi les créations verbales qui leur correspondent, dans des impasses, ou des voies sans issue.

Quatre remarques pour finir :

– On distingue d'habitude l'art *moderne* et l'art *contemporain*. Je n'ai pas fait cette distinction dans ce livre, car les linéaments de l'art contemporain me semblent déjà présents dans ce qu'on appelle l'art moderne : en gros, celui qui commence aux Impressionnistes, qu'il s'agisse du brouillage de la touche (vocabulaire de la peinture) ou de la rupture de l'espace (sa syntaxe). Simplement l'art contemporain a ajouté une plus grande radicalité dans des choix qui ont été initiés avant lui.

– Pour la présente édition, et dans un but pédagogique, j'ai rédigé pour chaque chapitre un résumé analytique. On le trouvera à la fin du volume.

– Pour mieux comprendre les liens qu'on peut faire entre le monde du visible et le monde des mots, ainsi que pour voir le sens plus développé des différentes figures de rhétorique elles-mêmes, on pourra se reporter à mes ouvrages édités chez BoD :

La Stylistique expliquée – La Littérature et ses enjeux, 2017.
Le Style par l'image, 2018.
Quand parlent les images - Méditations photographiques, 2021
Petite initiation à l'Art – Dialogues pédagogiques, 2021.
L'Art d'écrire – Les enjeux de l'expression, 2024

– Enfin, pour permettre au lecteur de respirer entre les chapitres, j'ai ajouté en contrepoint au texte quelques unes de mes variations photographiques, à partir d'une même image représentant des roseaux.

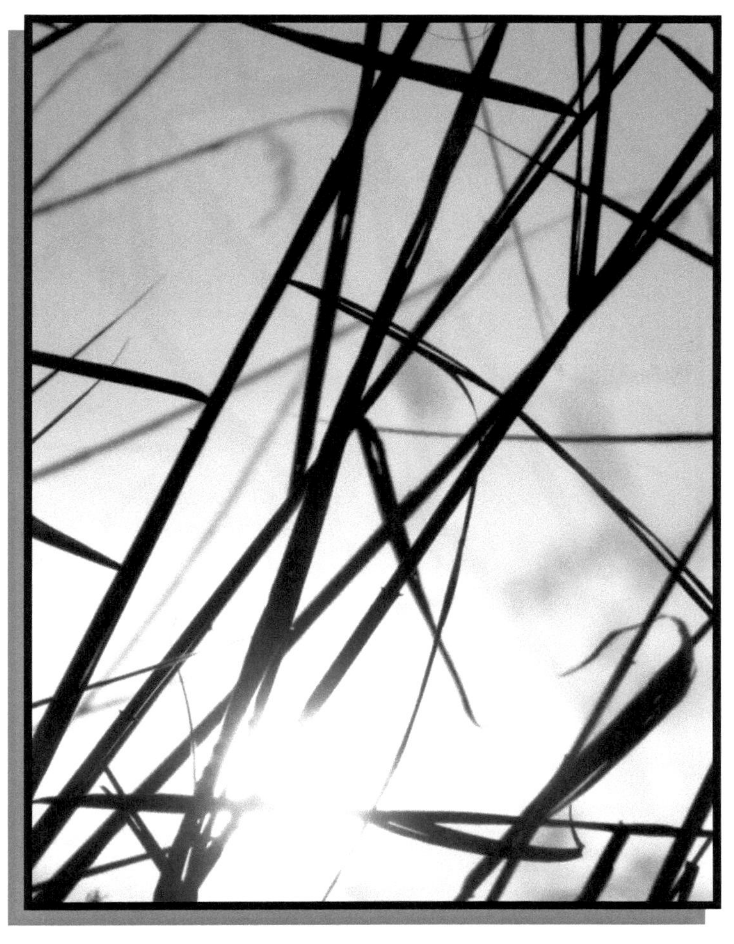

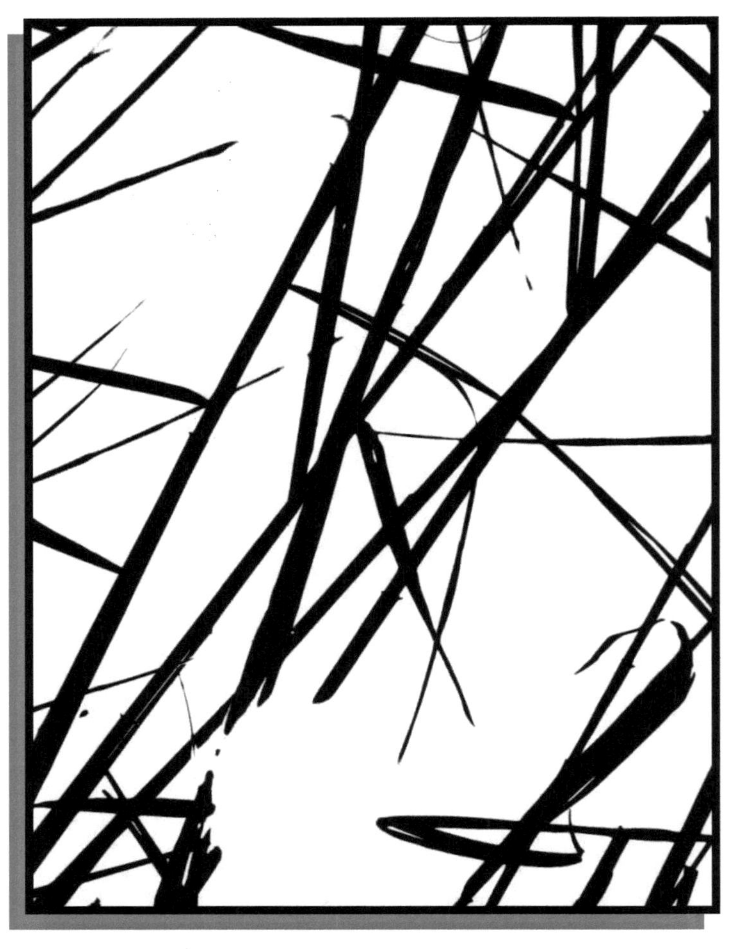

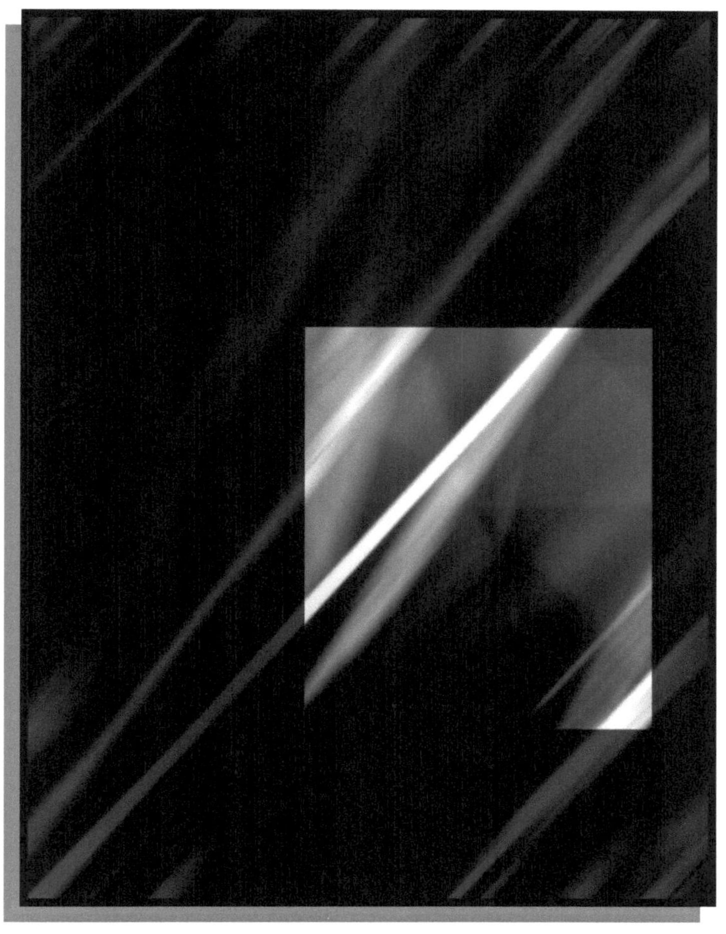

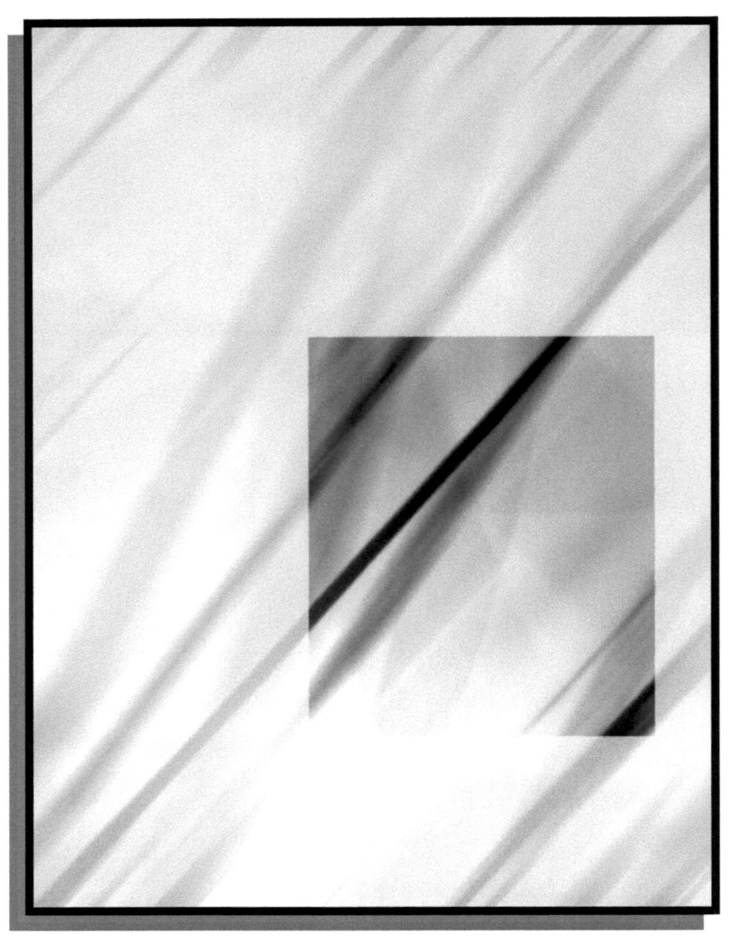

1. Matériaux

La première rupture à relever est le brouillage systématique du signe lexical opéré par la *métaphore* à partir de Rimbaud, qui correspond exactement à la dilution des formes et au brouillage du signe pictural (de la touche, qui est le vocabulaire de la peinture), opérés par l'impressionnisme.

Jusqu'à Rimbaud, il n'y a pas, en littérature (exception faite des métaphores clichés ou lexicalisées, comme la « flamme » pour l'« amour », etc.) de généralisation de la métaphore *in absentia*, qui est substitution effective d'une réalité à une autre, sans que l'esprit puisse voir d'où l'on part : ce que les linguistes appellent le *thème*, ou élément comparé, de la métaphore : le thème est le point de départ ou le « référent » de la métaphore.

Ce vers quoi on arrive, l'élément comparant, on l'appelle le *phore*. Par exemple « Tes yeux sont bleus » est une simple constatation. « Tes yeux sont bleus comme le ciel », une comparaison. « Tes yeux sont un ciel », ou « Le ciel de tes yeux » sont des métaphores (simplement des comparaisons sans « comme »). Ici elles sont comme on dit *in praesentia* (en présence du thème). Il précède le phore dans le premier cas, et le suit dans le second — choix sans doute plus vivant, car on dit tout de suite l'essentiel, mais peut-être moins attendu, moins « logique ».

Maintenant si je dis : « Je plonge dans un ciel », pour « Je plonge dans le ciel de tes yeux », je fais une métaphore *in absentia*, puisque je ne mentionne pas ce dont je suis parti : le mot « yeux ». Elle est évidemment plus difficile à comprendre, et même énigmatique si rien avant ou après ne l'annonce ou ne la prépare pour guider le lecteur. On peut atténuer l'expression en disant « un vrai ciel », « un ciel véritable », etc. Mais l'obscurité n'est pas totalement évitée.

Rimbaud, le premier, présente systématiquement des *phores* sans *thème*. Il substitue à un langage un second langage, tout différent. Son programme est certes : « Je voyais une mosquée à la place d'une usine ». Mais ses réalisations pourront aboutir à dire : « La mosquée », etc. – tout simplement (le mot « usine » ne figure plus dans le texte).

Baudelaire encore n'aurait pas osé cela. Tout ce qu'il aurait osé est quelque chose comme : « L'usine, cette mosquée »... La substitution d'un mot à un autre n'aurait pas été chez lui aussi radicale, aussi complète.

On est donc en face de ce qu'on pourrait appeler un brouillage délibéré du signe. Certes l'emploi d'un mot à la place d'un autre, que l'on appelle une catachrèse (littéralement : usage contraire), est connu depuis toujours dans le langage. Quand un mot n'existe pas, on en utilise un autre avec lequel il a une ressemblance. Ainsi feuille (d'arbre) peut devenir feuille (de papier). Même chose pour les « pieds » d'une table, ou les « bras » d'un fauteuil, etc. De ce point de vue, toute métaphore est catachrétique. Mais dans le cas de la métaphore *in absentia* le brouillage lexical est maximal, poussé à son point extrême.

*

C'est de la même façon que le signe se brouille dans la peinture impressionniste, et devant ce type de tableaux on hésite désormais sur le nom des objets, comme Proust l'a bien vu à propos des « métaphores d'Elstir », dans *À l'ombre des jeunes filles en fleur*. Voici ce qu'il dit des marines de ce peintre, dont le modèle a peut-être été Monet :

1. Matériaux

... j'y pouvais discerner que le charme de chacune consistait en une sorte de métamorphose des choses représentées, analogue à celle qu'en poésie on nomme métaphore, et que, si Dieu le père avait créé les choses en les nommant c'est en leur ôtant leur nom, ou en leur en donnant un autre, qu'Elstir les recréait.

Il est fait référence ici au livre biblique de la Genèse, même si, concernant les êtres vivants, ce n'est pas Dieu le père, « créateur » du monde, qui les a nommés, mais Adam, le premier homme, qui en a reçu la responsabilité.

Le résultat cependant est similaire. Elstir emploie systématiquement dans ses toiles, selon l'expression même de Proust, des « termes » marins pour évoquer la terre, et des « termes » terrestres pour évoquer la mer : à l'arrivée, le monde devient amphibie, ou symbiotique. Pour cette immersion ou cette fusion, on peut penser à ce « sentiment océanique » dont a parlé Romain Rolland dans une lettre à Freud.

Rimbaud fait de même qu'Elstir dans « Marine », où l'on s'amusera à différencier (si on le peut) les métaphores *in prasesentia* et les métaphores *in absentia* :

Les chars d'argent et de cuivre -
Les proues d'acier et d'argent -
Battent l'écume, -
Soulèvent les souches des ronces.

Les courants de la lande,
Et les ornières immenses du reflux
Filent circulairement vers l'est,
Vers les piliers de la forêt, -
Vers les fûts de la jetée,
Dont l'angle est heurté par des
tourbillons de lumière.

De la même façon, le peintre impressionniste ne précise rien. Préciser pour lui serait tuer d'emblée l'impression première. Sa touche simplement allusive permet de réaliser cette indistinction initiale, ce mélange d'éléments, défaisant ainsi l'opération de création du monde telle qu'elle est rapportée dans la Genèse : elle se fait par séparations successives (d'abord ciel / terre ; puis terre / eaux, etc.).

On peut voir dans cette construction par séparations la façon dont l'esprit humain lui-même met de l'ordre dans le monde qu'il perçoit, pour que de chaotique au début (la Bible parle d'un *tohu-bohu*) il devienne un cosmos ordonné. C'est donc la mise en ordre d'un matériau préexistant. Il n'est pas sûr d'ailleurs que le récit biblique concerne une création *ex nihilo* : il vaut mieux parler dans son cas d'« organisation » d'un monde chaotique au début.

Il a son correspondant grec dans le début de la *Théogonie* d'Hésiode, où le Chaos initial doit devenir un Cosmos (un monde mis en ordre). C'est l'esprit qui a eu cette tâche d'organisation. Il a tout ordonné par séparations (*panta diékosmesen*). Selon Épicharme, c'est l'esprit (le *noûs*) qui voit et entend, tout le reste est aveugle et sourd. Et il le fait via le langage et sa logique, le *logos*.

Pour l'esprit, chaque chose est désormais nommée et entre dans sa case, pour n'en pas sortir. Elle se conforme à son étiquetage. Change-t-elle de forme ? C'est la mémoire qui la fait réintégrer, retrouver son nom, son moule initial.

*

On ne comprend bien les orientations et caractéristiques de l'expression en littérature et en art que si l'on évoque la façon dont la perception ordinaire se construit. C'est à elle qu'elles s'opposent, en tant qu'amnésies sensibles.

On voit bien le rôle structurant de la *mémoire* pour la perception dans l'épisode du morceau de cire, dans les *Méditations métaphysiques* de Descartes (Méditation II). Quand elle est fondue, la cire pour les yeux est autre – mais pour les yeux seuls. Car l'esprit dit qu'il s'agit toujours de la même cire, en se souvenant de l'état antérieur de cette dernière. Les deux aspects sont donc subsumés sous le même état ou nom : « cire ».

Pareillement, voyant dans la rue des chapeaux et des manteaux, le philosophe dans le même passage dit qu'il voit des hommes : il ajoute donc à ce que voient ses yeux tout un poids de mémoire, qui enrichit dans son monde logique la sensation seule, et aussi donne à chaque chose un nom déterminé et unique.

En outre nos perceptions, autant que des constatations ou des identifications, sont aussi des jugements. C'est notre esprit qui habituellement perçoit et donne forme aux sensations. Ainsi si l'horloge sonne trois coups, je dis qu'il est trois heures. Que d'ajouts dans cette simple expression ! D'abord il faut savoir ce que signifie symboliquement un coup. Et ensuite il faut dépasser le simple : « L'horloge a sonné trois fois une heure. » Pareillement si je vois le soleil briller je dis qu'il fait beau. Si je vois un arbre penché, je dis qu'il va tomber, etc.

Au fond, l'esprit dans la perception supprime et ajoute à la fois. Il élimine beaucoup de choses qui seraient possibles pour lui dans l'ensemble du champ perceptif pour n'en choisir qu'une étroite partie et se concentrer sur elles. Et il ajoute ce qui est pour lui le sens des choses, c'est-à-dire sa propre interprétation des données sensorielles. C'est là le rôle de l'esprit ou plus précisément, comme disent les philosophes, de l'entendement (la faculté de juger cartésienne) : gr. *Noûs*, lat. *Intellectus*, angl. *Understanding,* all. *Verstand.* – Ainsi à l'axiome empiriste « Il n'y a rien dans l'esprit qui n'ait été auparavant dans les sens » (*nihil est in intellectu quod non prius fuerit in sensu*), il faut ajouter : « si ce n'est l'esprit lui-même » (*nisi ipse intellectus*).

*

Mais à partir de l'impressionnisme c'est l'œil seul, la perception immédiate, qui l'emporte sur l'esprit ordonnateur du monde. « Monet n'est qu'un œil, mais quel œil ! », disait Cézanne.

En effet, si l'ajout de la mémoire à la sensation nous enrichit certainement pour nous orienter dans la vie pratique, elle nous appauvrit dans un autre sens, par les limitations mêmes qu'elle impose au chaos initial, sensoriel et matriciel.

La peinture de Monet est amnésique des objets précisément délimités, c'est-à-dire donnant lieu à un dessin net, comme celle de Rimbaud l'est des noms assignés à une seule place, à un seul référent, ce qui est contredit dans la métaphore verbale. Pour reprendre l'exemple cartésien, la cire initiale et la cire fondue seraient pour Monet deux cires différentes. Et les chapeaux et les manteaux dans la rue seraient pour lui de simples formes, chapeaux et manteaux seulement, et non des hommes.

La fin de la mémoire intellectuelle se voit évidemment dans les différentes versions qu'il a données d'un même lieu, comme la série des *Cathédrales de Rouen*. Elles sont toutes différentes à différents moments de la journée, et aussi diffèrent suivant le changement du temps qu'il fait. Toutes diverses, elles ne peuvent être subsumées sous un même nom ou une même dénomination : *la* Cathédrale de Rouen. Leurs divers changements de forme (métamorphoses) sont bien homologues aux transferts de nom (méta-phores) dans le langage.

Encore y a-t-il un souvenir quelconque de leur point de départ, car on reconnaît tout de même, esquissées, leurs silhouettes de cathédrale. Mais la série des *Nym-*

phéas n'est pas dans ce cas. Bien souvent totalement flous, la dilution de leurs formes semble préfigurer l'abstraction totale.

Disons alors que les Cathédrales sont encore des métaphores *in praesentia*, avec indication du point de départ ou minimum de mémoire intellectuelle (la reconnaissance, même sommaire, de leur forme), tandis que les Nymphéas pourraient être, si on suit leur orientation première, comme des métaphores *in absentia*, sans mention du point de départ.

Dans le premier cas il y a simple éloignement ou tendance à l'abstraction résumant l'objet dans sa lumière et l'y réduisant (*abstract* veut dire résumé en anglais), et dans le second abstraction totale – certains disent alors « non-figuration ».

*

On a reproché au début à l'impressionnisme la manière floue et indistincte qu'il avait de figurer. Ainsi Jean Paulhan, dans *La Peinture cubiste*, rapporte ce mot :

L'art moderne se présente en caleçon. Il faut qu'il s'habille.

On a calomnié les peintres en disant qu'ils perdaient la vue (un reproche adressé à Turner dans l'entourage de la reine Victoria), ou qu'ils avaient du sable dans les yeux, etc.

Cependant le côté sommaire ou imprécis de la figuration qu'on leur a reproché n'était pas dans leur esprit une pauvreté, mais une richesse. Ce n'était pas un manque, mais un refus. La fin du fini, du léché était un choix pour la perception immédiate, non parasitée par l'entendement et la logique, par la signification intellectuelle des choses.

Il est bien vrai que la pensée logique est à bien des égards un massacre d'impressions. Dans la réalité vécue tout n'est qu'hésitations, méprises. Pour en rendre compte l'usage simplement monosémique des noms est un obstacle. Au lieu de se contenter d'étiquettes posées sur les choses, comme le font (au moins le croit-on) l'écrivain classique ou le peintre du contour net, ne vaut-il pas mieux explorer les choses elles-mêmes telles qu'elles surgissent devant nous, sauver ainsi leurs apparitions ou phénomènes, faire œuvre en somme de pure phénoménologie ? Souvenons-nous de ce que disait Berkeley : « Être est percevoir ou être perçu – *Esse est percipere vel percipi*. Dès lors, la nouvelle perception ne passe pas par le filtre de l'« intelligence ». Voici comment Proust commente l'entreprise d'Elstir :

> Les noms qui désignent les choses répondent toujours à une notion de l'intelligence, étrangère à nos impressions véritables, et qui nous force à éliminer d'elles tout ce qui ne se rapporte pas à cette notion.

Ainsi, une phrase comme celle de Mallarmé par exemple :

> Nommer un objet, c'est supprimer les trois-quarts de la jouissance du poème, qui est faite de le deviner peu à peu ; le suggérer, voilà le rêve.

correspond tout à fait au brouillage du signe, devenu dilué ou évasif, dans la peinture impressionniste.

*

On peut même dire que la peinture du contour flou a des avantages sur celle du contour net. Comme dans le langage aussi la suggestion, l'allusion seule et le fait de dire « à côté » ont bien des atouts. C'est là une constante de la sensibilité. Par leur voilement même en effet, les choses deviennent plus désirables. La jupe fendue attire plus que la vision de la nudité compète de la jambe. Le vêtement qui bâille, plus que celui qui découvre totalement le corps. Le vrai amateur d'érotisme a horreur du nudisme. Le rêve embellit, le réel déçoit bien souvent.

Ainsi les métaphores verbales qui évitent de nommer directement les choses les font miroiter dans une sorte de faux-jour, et en tournant en quelque sorte autour d'elles les recouvrent de l'attirant voile des périphrases ou circonlocutions : ce mot signifie le fait de tourner autour, en grec et en latin. Les ambages (du latin *ambire*, tourner autour), défient le langage précis et net, qui risque par sa précision même de tuer ce qu'il désigne.

Le peintre fait de même, quand il brouille volontairement sa touche. En fait l'art impressionniste, qui est *l'art des débuts*, se tient à la sensation première seule, et ne *conclut* rien. C'est comme ce qui se passe avec la magie d'une première rencontre. Peu importe ce que sera la suite, qui souvent la détruit. Autant qu'une vérité psychologique, il y a là un grand principe artistique. Je pense ici à la formule de Flaubert :

L'ineptie de vouloir conclure.

Voyez par exemple un déluge de périphrases dans l'évocation du baiser par Cyrano, dans *Cyrano de Bergerac*, de Rostand :

Un baiser, mais à tout prendre, qu'est-ce ?
Un serment fait d'un peu plus près, une promesse
Plus précise, un aveu qui veut se confirmer,
Un point rose qu'on met sur l'i du verbe aimer ;
C'est un secret qui prend la bouche pour oreille,
Un instant d'infini qui fait un bruit d'abeille,
Une communion ayant un goût de fleur,
Une façon d'un peu se respirer le cœur,
Et d'un peu se goûter, au bord des lèvres, l'âme !

Balzac avait bien raison, quand il disait que parler d'amour c'est faire l'amour. Ou encore voyez dans *Un Amour de Swann* de Proust, la périphrase métaphorique « faire cattleya ». Elle enrichit l'acte d'amour entre

Swann et Odette, et leur permet d'échapper à l'élémentaire dictat de la physiologie, où les femmes par exemple ne sont, selon le mot de Proust, que « les instruments interchangeables d'un plaisir toujours identique ».

Il me semble que les peintres ont bien senti cela depuis toujours. Déjà le *sfumato* chez Vinci poétisait la figure, par opposition au contour net des peintres flamands. Il est impossible de décalquer la Joconde. Certains myopes sont contents de voir le monde *à peu près*. Pourquoi n'en serait-il pas de même avec le flou de la peinture impressionniste ?

*

On dit parfois que le choix de la peinture impressionniste pour le flou vient de l'apparition contemporaine de la photographie, avec la fidélité de laquelle on ne peut rivaliser. C'est un fait que cette apparition a constitué une sorte de séisme dans le monde artistique, et suscité beaucoup d'anathèmes, dont ceux de Baudelaire, qui y voyait une dépoétisation des choses. Mais je ne sais si cet argument est bien probant.

D'abord parce que le contour indistinct avait déjà été pratiqué en peinture, de Franz Hals à Delacroix. Le trait du premier est proche de l'esquisse, et celui du second du *sfumato*.

Et surtout parce que l'on est là devant une dualité fondamentale : de tout temps il y eu d'un côté des peintres du contour net, ou du réalisme qu'on pourrait dire intellectuel. Je dis « intellectuel », parce que par la ligne nette et la mémoire réductrice qu'on a des objets on se protège de l'inconnu envahissant du monde. C'est le propre aussi du dessin des enfants, qui domestiquent ainsi un univers senti comme dangereux. Au cinéma, le dessin animé simplificateur, dont ils sont friands, obéit à la même intention. Et aussi, dans la BD, la ligne « découpe » franche, par exemple la « ligne claire » d'Hergé dans les albums de *Tintin*.

Les peintres qui œuvrent dans cette voie appartiennent à la catégorie du « linéaire », selon la typologie d'Heinrich Wölfflin, dans ses *Principes fondamentaux d'histoire de l'art*. Un bon exemple en est Botticelli, qui a été graveur avant d'être peintre, ce qui l'a rendu familier des incisions sans repentir, en somme des lignes nettes.

Et à côté d'eux il y a les peintres d'une approche plus immédiate des choses, que Wölfflin appelle les peintres du « pictural ». L'exemple pourrait en être d'abord Vinci, avec son *sfumato*, et ensuite les peintres vénitiens. Ils ont remarqué par l'observation qu'il n'y a rien de précis en nature. C'est pourquoi ils opèrent par esquisses, souvent sous l'impulsion du moment, sans dessin préparatoire sur la toile, et aussi par utilisation directe du matériau dont ils exploitent immédiatement les possibilités. La ligne est plutôt du type « contour » estompé.

En résumé, les premiers appartiennent à ce qu'on pourrait appeler un « réalisme intellectuel » : ils figurent ce qu'ils *savent exister* du monde, qui en réalité ignore les séparations nettes entre les objets. Et les seconds, à un « réalisme sensible » : ils figurent ce qu'ils *voient* seulement. Ce sont eux qui sont plus proches de la sensation seule. Dans la vision surprise, en effet, il n'y a pas l'exhaustivité d'un examen minutieux.

La seule novation peut-être concernant les Impressionnistes est la valorisation, dans leur « réalisme sensible », de la lumière du jour. À cet égard, cela ne pouvait être qu'une peinture de plein air. De ce point de vue l'invention des tubes de couleur à emporter partout est peut-être plus importante pour comprendre ce mouvement que l'apparition de la photographie.

*

Bien sûr il y a des effets très positifs au départ dans le brouillage à la fois lexical et pictural que je viens d'évoquer. Devenant polyvalent et matriciel, dispensé de sa vocation étroitement mimétique ou référentielle, le signe peut susciter chez le spectateur de nouvelles interprétations. C'est le cas déjà dans le spectacle de la nature. Il suffit de regarder un nuage pour s'apercevoir de sa richesse inépuisable, due au fait qu'il change constamment de forme. Le signe alors sur le tableau peut *appeler* le sens, au lieu de le *rappeler*, comme il le faisait jusqu'alors.

On connaît la filiation de l'impressionnisme à l'abstraction totale : songez à la meule de foin de Monet qui a inspiré Kandinsky. Dans la création moderne en général, le signe-matériau est premier. De lui on part, pour ensuite (et éventuellement...) aller au sens. Il y a à cet égard un beau mot de René Char :

> Les mots qui vont surgir savent de nous ce que nous ignorons d'eux.

Mais ici encore je pense à la parole de Mallarmé, à l'adresse de Degas parlant des idées qu'il faut avoir pour écrire un poème :

> Ce n'est pas avec des idées qu'on fait des vers. C'est avec des mots.

Céder l'initiative aux mots... À l'époque moderne, qui commence au milieu du XIXe siècle, on n'écrit pas *sur* (un sujet), mais plutôt on écrit *dans* (la forêt des signes). Flaubert déjà ambitionnait d'écrire un roman sans sujet, qui tînt par la force même de son style. Et Mallarmé réduisait la fleur à « l'absente de tout bouquet ». À sa trace seule, abstraite de tout réel.

Mallarmé avait une conscience très aigüe de l'abîme qui sépare le langage de la vie, ainsi que de l'arbitraire du signe verbal. Les langues, disait-il, sont « imparfaites en cela que plusieurs ». Depuis l'épisode biblique de Babel, où les langues ont été confondues, plus personne ne soutient l'idée s'un lien nécessaire entre le signe et la chose. En outre, à l'intérieur d'une même langue, il y a un énorme décalage entre le signifiant et le signifié. Ainsi *jour* est obscur par le son, et *nuit* est clair. *Compendieusement* veut dire *bref*, etc.. Les genres aussi de la grammaire n'ont rien à voir avec les genres de la vie. *Mer* est féminin en français, masculin en espagnol, neutre en latin, etc. Aucune langue n'est miroir fidèle de la vie elle-même. Chacune fonctionne avec ses propres règles. Ce sont deux mondes hétérogènes, et on ne peut pas passer de l'un à l'autre. Le langage n'ouvre pas au réel, il le défie en restant dans son propre ordre.

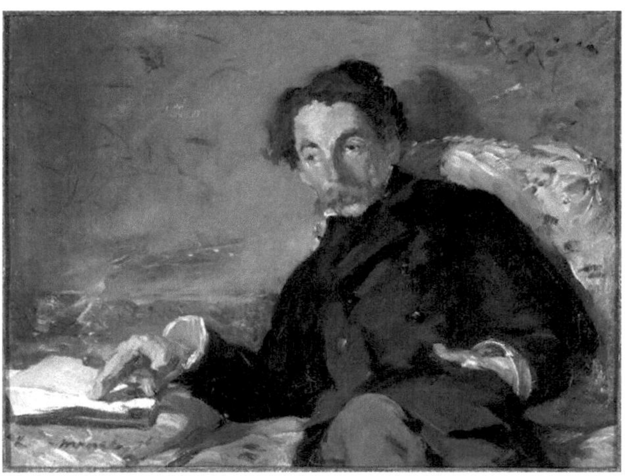

Voyez par exemple le portrait de Mallarmé par Manet : la main droite qui tient le cigare est peinte de façon seulement esquissée, évasive ou évanescente, comme dans l'évanescence et le refus du réel « vil » s'achève le poème mallarméen, vrai Art poétique moderne :

Toute l'âme résumée
Quand lente nous l'expirons
Dans plusieurs ronds de fumée
Abolis en autres ronds

Atteste quelque cigare
Brûlant savamment pour peu
Que la cendre se sépare
De son clair baiser de feu

Ainsi le chœur des romances
À la lèvre vole-t-il
Exclus-en si tu commences
Le réel parce que vil

Le sens trop précis rature
Ta vague littérature

Si l'on veut mettre les choses en perspective, on peut dire qu'aussi bien dans l'écriture qu'en peinture l'époque classique allait plutôt des choses aux mots ou aux signes – et l'époque moderne va plutôt des mots ou des signes aux choses. Aujourd'hui on croit rarement, par exemple, que l'on écrit pour dire quelque chose de prédéterminé. On écrit pour découvrir quelque chose – de soi, du monde... Comme disait Marguerite Duras :

> Si l'on savait ce qu'on va écrire avant d'écrire, on n'écrirait pas.

Ce qui est brouillé, à partir de ce moment, est un langage net, subordonné aux choses qu'il semblait servir fidèlement jusque là. Un nouveau langage brouillé et polyvalent apparaît.

Pour faire écho la querelle médiévale des Universaux, c'est ici la fin du « réalisme » classique, linguistique et plastique, selon lequel le signe pouvait s'effacer derrière ce qu'il désignait. Et c'est l'apparition de ce qu'on pourrait appeler le « nominalisme » moderne dans le texte et en art, selon lequel le signe enfin émancipé vient au premier plan et intéresse pour lui-même. À lui revient l'initiative dans la création de l'œuvre.

Pour prendre une autre image pour illustrer cette séparation des signes et des choses, on passe à l'époque moderne d'un langage conçu comme vitre transparente, au travers de laquelle les choses se laissaient voir nettement, à un langage conçu comme vitre opaque ou brouillée, fonctionnant bientôt comme un miroir, où se voient à la fois auteur et récepteur.

*

Aussi, quand le signe se sépare de son référent habituel, il devient disponible pour autre chose. Ainsi dans *La Clé des songes* de Magritte, chaque objet a une légende qui n'a rien à voir apparemment avec ce qu'il désigne habituellement. Sous un soulier de femme figure en légende : « La lune ». Sous une bougie allumée : « Le 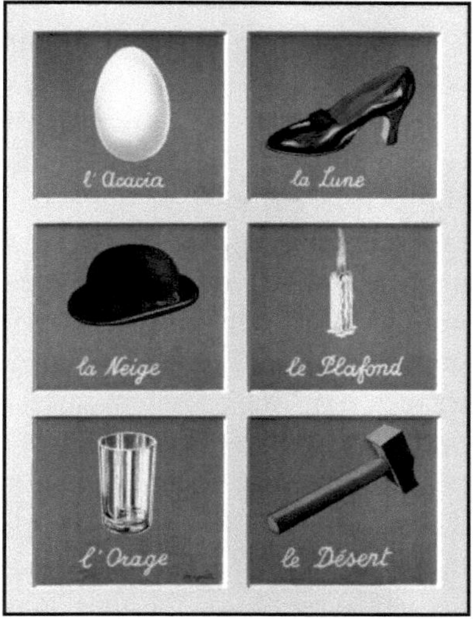
plafond », etc. Telles quelles, ces légendes semblent incohérentes, ou arbitrairement métaphoriques. Le « surréalisme » de cette œuvre semble sans intérêt.

Et pourtant, le phénomène qu'elle pointe est compréhensible, à partir du moment où on a présent à la conscience le fait que le signe *n'est pas* la chose. Il faut se séparer du vieux cratylisme, de ce qu'on appelle aujourd'hui l'illusion référentielle, qui fait croire qu'il y a un lien nécessaire entre les signes et les choses. Ces derniers ne *sont* pas les choses, ils les *représentent*, ce qui est toute autre chose. Et cette représentation peut être par essence arbitraire.

Comme il se voit dans un célèbre tableau du même Magritte, *La Trahison des images*, où sous l'image nettement dessinée d'une pipe, on lit en légende : *Ceci n'est pas une pipe*. Forcément : ce n'en est que l'image. Et de même dans l'univers des mots : le mot « chien » ne mord pas.

Ainsi, dans cette dissemblance ou cette séparation fondamentale entre le signe et ce dont il est habituellement signe, bien présente à la conscience moderne, s'insinuent et se font jour d'autres possibilités de sens, et comme dans les légendes de *La Clé des songes* : ce sont d'autres lectures possibles, ou mots « à lire » (*légendes*).

Le signe n'étant pas la chose peut désigner autre chose que ce qu'il désigne habituellement. On pourrait rapprocher ce phénomène de celui à l'œuvre dans les métaphores *in absentia*. Les légendes et les dessins sont radicalement séparés et hétérogènes, comme thèmes et phores dans ces sortes de métaphores. Pareillement les images oniriques seraient aussi des métaphores *in absentia* (des phores dont les thèmes ne nous seraient pas donnés). L'analyste devrait chercher le thème, le point de départ, derrière le phore, le point d'arrivée, intrinsèquement différent.

*

Dès lors on voit mieux comment il faut comprendre l'adage connu : « L'Art imite la nature. » Il ne s'agit pas d'en imiter naïvement les productions, puisque décidément représenter n'est pas reproduire. Il faut de la nature imiter l'opération. Que fait-elle ? Elle crée. Donc faisons comme elle. Créons à notre tour ! Rivalisons avec elle ! Comme disait Malraux :

> L'artiste n'est pas le transcripteur du monde, il en est le rival.

Cette position évidemment détruit toute naïveté, comme par exemple celle du Douanier Rousseau qui comparait ses tubes de peinture au modèle dont il se rapprochait jusqu'à le toucher, pour voir si la couleur était bien la même.

Cette naïveté est parfois le propre des peintres de trompe-l'œil, depuis le célèbre concours d'Appelle et de Zeuxis dans l'Antiquité. Le premier avait peint sur sa toile une mouche, de façon si réaliste que les spectateurs voulaient la chasser. Et le second avait peint des raisins si fidèlement que les oiseaux venaient les picorer.

Faisant allusion à ce dernier exemple, « Ce que voient les oiseaux » est le dernier texte de *L'Ère du soupçon*, de Nathalie Sarraute. Mettant en question la notion de réalisme, elle montre que la peinture a eu un mouvement analogue à celui de la littérature. Elle est passée à l'époque moderne de l'ambition d'une omniscience et d'une fidélité exhaustive au réel (celle qu'avait Balzac), à son exploration ponctuelle et modeste, nécessitant pour cela la création de nouvelles formes, où la Parole est fragmentée, insulaire, « en archipel »...

Le sujet finalement n'y est-il qu'un prétexte ? On connaît la boutade de Renoir qui semble aller dans ce sens :

> Un matin, l'un de nous manquant de noir, se servit de bleu : l'impressionnisme était né.

Malgré tout ce n'est qu'une boutade, car les peintres impressionnistes, à force de bien observer la nature, ont constaté que le bleu était la vraie couleur des ombres quand les scènes éclairées ont une dominante orange.

Cette association naturelle du bleu et de l'orangé, qui sont des couleurs complémentaires, est d'ailleurs vérifiée et authentifiée par les appareils photographiques. Dans la réalité, il n'existe pas d'ombres noires ou grises : le croire est un préjugé intellectuel. Leur vision sensible les montre colorées de telle ou telle façon suivant l'heure de la journée.

Cependant s'il voulait prendre au pied de la lettre la boutade de Monet, et aller plus loin encore dans l'autonomie de son art, le peintre moderne pourrait dire : « Quand je n'ai pas de rouge, je mets du bleu ». Alors le choix de la couleur est tout arbitraire : elle dépend de la fantaisie du peintre. C'est le cas des Fauves, par exemple, et des peintres expressionnistes, chez qui la couleur agit par sa vertu propre, et non par son lien avec les objets extérieurs.

Finalement, tout l'art moderne, devenu autonome par rapport à la nature dont il n'imite plus les productions mais l'opération, vérifie bien la formule de Baudelaire :

> La nature n'est qu'un dictionnaire, et il ne viendrait à l'idée de personne de copier le dictionnaire.

Ou encore de Paul Klee :

> L'art ne reproduit pas le visible, il rend visible.

*

Du brouillage du signe naissent ensuite des conséquences importantes. Le sens tout entier du texte et du tableau pourra basculer de l'auteur vers le récepteur. Il s'intériorise, et est construit par le spectateur. C'est comme dans la métaphore *in absentia* du texte, où le sens est seulement supposé, et construit par le lecteur, celui qu'on appelle l'auteur ne lui tenant plus la main.

C'est l'opposition que fait Duthuit dans *Le Feu des signes* entre la « représentation » (classique) et la « présence » (moderne), ou entre l'« art-théâtre », et l'« art-cérémonie ». Dans le premier, on assiste *à* (un spectacle) ; dans le second, on assiste *quelqu'un* (l'auteur). De spectateur passif, on devient assistant, aide de l'auteur. Et s'il n'y a pas cette participation ou cette aide consentie, comme dans une cérémonie, il n'y a rien.

Aujourd'hui donc l'auteur n'est plus censé connaître exactement tout ce qu'il dit. Il est, comme dit Breton, « empoigné et jeté à son corps défendant dans l'immortel » – c'est-à-dire empoigné par plus grand que lui. L'auteur est détrôné, l'homme n'étant plus le maître dans sa propre maison : c'est exactement le discours de la psychanalyse.

Et les figures qui traditionnellement appartenaient à l'expression deviennent aussi des figures de la réception. Dans l'expression de Rimbaud dans « Aube » :

Et les ailes se levèrent, sans bruit.

« ailes » peut être une synecdoque particularisante des oiseaux, ou une métaphore des buissons frissonnant sous le vent. On ne sait trop... L'œuvre s'ouvre, se fait des interprétations portées sur elles. On se reportera ici à *L'Œuvre ouverte*, un livre essentiel du sémiologue Umberto Eco.

*

Cependant, l'éloge que je viens de faire du brouillage des signes, comme victoire de la sensibilité sur l'intellect et la logique, ainsi que de ses conséquences positives, doit maintenant à mon avis être tempéré.

Le danger de ce brouillage est évidemment de problématiser la communication et le partage. Dans le monde des mots, il est difficile de ne pas s'occuper du tout du référent. Mais n'est-ce pas aussi le cas du monde du visible ?

Il faut d'abord partir de la constatation qu'il y a deux formes possibles de chaque art, une forme pure, présentative, et une seconde, représentative ou figurative. Étienne Souriau a établi là-dessus une distinction essentielle dans sa *Correspondance des arts (Éléments d'esthétique comparée)*.

Ainsi la danse appartient à la première forme, la pantomime à la seconde. La musique pure à la première, la musique à programme ou représentative (comme *Pierre et le Loup* de Prokofiev) à la seconde. L'architecture à la première ; la sculpture et la peinture à la seconde quand elles sont figuratives, ou à la première quand elles s'éloignent de la figuration.

La peinture non figurative d'aujourd'hui est évidemment peinture pure, et elle présente avec la peinture figurative la même différence qu'entre l'arabesque et le dessin traditionnel, représentatif ou mimétique.

S'agissant du monde verbal, Souriau fait une différence entre la littérature traditionnelle pour lui « impure » (car représentative), et la poésie, où les sonorités sont pour lui l'essentiel (il parle de « prosodie pure »).

Je ne suis pas du tout d'accord avec lui sur ce point. Car si « purs » qu'ils soient et si « pur » que soit leur usage, les mots ne sont pas que des sons, ils signifient toujours, qu'on le veuille ou non, autre chose qu'eux-mêmes.

Il est vrai qu'en poésie une grande place est prise par la prosodie, la musique du langage. C'est pourquoi d'ailleurs une poésie ne peut être traduite dans une autre langue, ou au moins perd l'essentiel à l'être. Mais là-dessus la définition que Valéry en donnait est encore excellente :

Une hésitation prolongée entre le son et le sens.

1. Matériaux

Il ne faut pas oublier la fin de cette définition. Le sens existe toujours, et si sa recherche n'est pas ou plus le cas pour le locuteur, il y a au moins un désir de sens de la part du lecteur ou de l'auditeur. Ou en tout cas peut-on l'espérer...

La définition valéryenne de la poésie rencontre fort opportunément ici celle qu'il donne de l'art en général dans ses *Cahiers* :

Une relation entre le formel et le significatif.

Le « formel » de la peinture est le matériau pictural lui-même, et le « formel » du texte est sa musique. Le « significatif » dans les deux cas est la référence à un sujet, quel qu'il soit, et à ses échos dans l'esprit.

Concernant le langage, on peut reprendre la définition que Saussure donnait du signe linguistique : tout mot a deux faces : un signifiant ou son (musical) quand on le prononce, et un signifié, concept ou image mentale qui vient à l'esprit à cette occasion. Sauf à l'amputer il ne faut pas oublier la seconde « face » du mot.

Je sais bien que certains, comme Isidore Isou et les lettristes, ont voulu utiliser le langage verbal pour sa seule sonorité, ses effets seulement musicaux. Les glosso-lalies d'Artaud vont dans le même sens. Ce sont des cris non articulés qui valent, dit-on, seulement pour leur mu-sique, et non pas pour leur signification.

D'autres même, comme l'abbé Brémond, ont prétendu voir de la « poésie pure » dans des œuvres classiques. Mais c'est à grand tort à mon avis. Ainsi par exemple :

La fille de Minos et de Pasiphaé

n'est pas de la poésie pure. Les contemporains y voyaient, et nous devons encore y voir aujourd'hui, comme une fiche signalétique tragique : la fille du Juge aux Enfers et de la démente zoophile.

1. *Matériaux*

Quoi qu'on en dise, les mots signifient autre chose qu'eux-mêmes, et les dépouiller de leur sens serait une terrifiante régression. La communication serait immédiate certes, mais très pauvre, un peu comme celle des abeilles et des fourmis, qui communiquent très bien en remuant le derrière ! Il ne faut pas confondre ici un simple signal rudimentaire et un vrai signe.

Que la musique des mots soit essentielle, que leur polysémie, leur ouverture à diverses interprétations soient fécondes, nul ne le nierait. Mais que le sens en soit totalement absent ou livré à l'aléatoire, tant pour celui qui les dit que pour celui qui les écoute ou les lit, me semble impossible. Le ricanement qu'on entend dans *Fin de partie* de Beckett (« Nous signifier ? Ah !, elle est bien bonne !) est un cas limite, et ce nihilisme ne peut être tenu jusqu'au bout.

*

Dans le monde du visible, quel pourrait être l'équivalent aux deux faces du mot ou à son double aspect (signifiant/signifié), pour reprendre la distinction de Saussure ?

Il me semble que toute forme visible que nous percevons immédiatement suscite en nous deux moments ou deux phases, qui se succèdent rapidement, et très souvent même sont concomitantes. D'abord nous voyons de l'inconnu, et aussitôt après nous ramenons cet inconnu à du connu. Il nous fait penser à autre chose que nous avons déjà vu. Un nuage dit pour nous une maison, un animal, un arbre, etc.

Bref il semble bien que nous percevions toujours figurativement, c'est-à-dire au moyen de notre mémoire. Le signifiant pour ainsi dire de la vision nue renvoie toujours au signifié du souvenir. C'est pourquoi Valéry disait :

1. Matériaux

Ce qui ne ressemble à rien n'existe pas.

Voyez le phénomène de la *paréidolie*, qui consiste à projeter sur ce qu'on voit pour la première fois le souvenir des choses déjà vues.

À propos de l'impressionnisme et du nouveau statut du signe qu'on peut y voir en germe j'ai parlé du passage du *rappel* chez les classiques à l'*appel* chez les modernes. Mais malheureusement (ou non !), il faut se reporter encore à ce que dit Valéry :

Qui dit appel dit rappel et tout est toujours un jeu de mémoire.

C'est pourquoi qu'on appelle en peinture l'abstraction *totale* (non pas seulement le seul « abstractionnement » ou la stylisation schématisante) est une voie extrêmement périlleuse, ne serait-ce que parce qu'elle pourrait amener le spectateur à se satisfaire d'un pur jeu de formes et de couleurs, d'une sorte de musique plastique, qui ne s'adresserait qu'à son œil, et non plus à son esprit. Il n'irait pas plus loin, se contenterait du plaisir que lui offre ce qu'il voit. On aurait alors affaire à de la *décoration*.

L'art n'est pas décoratif par le fait de décorer, mais de s'adresser seulement au plaisir de la rétine. J'ai rappelé le mot de Cézanne sur Monet : « Il n'est qu'un œil – mais quel œil ! ». Or il ne faut pas oublier le mot de Vinci sur la peinture. Elle est « chose mentale » (*cosa mentale*). C'est-à-dire qu'elle a des échos dans l'esprit, elle s'achève dans un langage intérieur (celui que le présent livre se propose de baliser).

À l'opposé cependant, Kandinsky dit dans *Du spirituel dans l'art – et dans la peinture en particulier* que la forme doit bannir ce qu'il appelle « l'effet de légende », c'est-à-dire qu'elle doit vivre pour elle-même, avec son propre langage, et ne pas se subordonner à un contenu précis, culturel ou autre. Le rouge par exemple doit agir directement sur le spectateur par ses vertus propres, tandis qu'un cheval rouge détournerait son esprit vers telle ou telle fable, et une telle peinture serait impure.

Je pense que cette position est discutable. On peut dire au contraire que le cheval rouge ajoute du sens au rouge, plutôt qu'il lui en enlève. Et puis l'esprit pensant au cheval de la légende subira tout de même, à son insu souvent, les « effets latéraux » du rouge.

Sur ces « effets latéraux », ceux qu'on subit inconsciemment à côté de la réflexion qu'on peut faire sur le sujet, voyez le *Voyage en Hollande*, toujours de Valéry : celui qui contemple un tableau de Rembrandt subit ou perçoit, à côté de la scène elle-même qui y est représentée et que son intelligence identifie, les effets latéraux du clair-obscur, ceux-là purement sensibles.

Outre cela, la grammaire des couleurs prônée par Kandinsky est extrêmement subjective, et parler à leur propos de « langage » est abusif. Un langage en effet n'est pas un idiolecte. Il implique l'adhésion et la participation d'un groupe, qui assurent sa disposition à le pratiquer.

Bien sûr les couleurs peuvent agir directement sur notre sensibilité : certaines sont chaudes, et d'autres froides. Pour leur spectateur, certaines semblent avancer sur leur support, et d'autres reculer. Baudelaire a bien raison dans son poème « Correspondances » de parler ici de synesthésies : mélanges de sensations (ici visuelles et tactiles).

Mais, si vrai que cela soit, cela ne va pas très loin. Et même si les couleurs semblent nous parler directement, leur « sens » est autant culturel que personnel. On ne peut pas les considérer et les apprécier indépendamment des aires de civilisation où elles paraissent. Elles varient selon les pays, les ethnies, les moments aussi dans l'histoire.

Chez nous le noir est la couleur du deuil. Mais c'est le blanc qui assume cette fonction en Asie et en Afrique, où il évoque la pâleur liée à la mort. Chez nous le rouge était valorisé dans l'Antiquité, et le bleu y était suspect car équivoque : aucun mot ne le désignait clairement (notre « azur » vient de l'arabe). Puis il a été recherché à partir du Moyen-âge chrétien. Pourquoi le manteau de la Vierge est-il rouge encore dans les icônes et la peinture des Primitifs, et bleu à partir de la Renaissance italienne ? C'est qu'il y a eu là une mutation civilisationnelle, comme celle du passage du *Surnaturel* selon Malraux, à l'*Irréel* : du sacré collectif au rêve personnel. On ne peut saisir les couleurs sans une médiation intellectuelle. Les couleurs pures et nues n'existent pas.

Kandinsky, dit-on, est le père de l'art abstrait, d'adieu définitif donné à la figuration. Soit ! Mais on notera que la légende d'un de ses tableaux abstraits les plus célèbres exposé au Centre Pompidou à Paris est *Avec l'arc noir*, ce qui est bien un phénomène de reconstruction identificatrice, ou de paréidolie – comme si on ne pouvait pas y échapper...

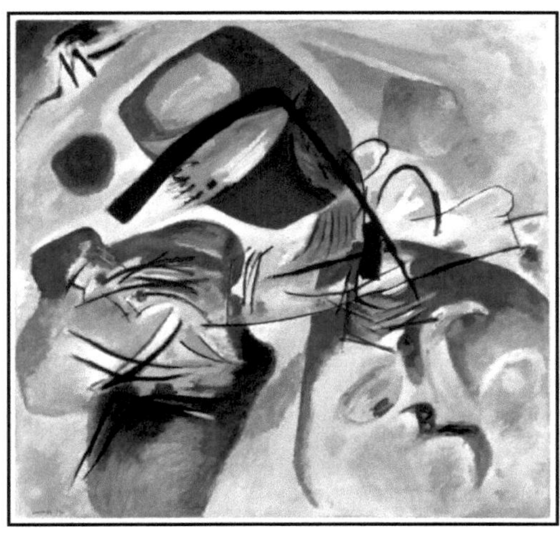

1. *Matériaux*

*

Il est de bon ton depuis le siècle dernier d'« admettre » l'abstraction comme un bloc incontournable. Soit (encore) ! – Mais on oublie que le refus qu'elle opère de la reconnaissance intellectuelle du monde au bénéfice de sa seule vision sensible n'est pas sans dangers.

Dans *Le Chef d'œuvre inconnu* de Balzac le peintre se noie dans le chaos coloré où le mène son exigence d'exactitude observatrice, et son tableau final, d'où n'émerge qu'un petit pied merveilleusement fidèle au réel, est une tragique bouillie, un suicide plastique. Certains même ont employé cette dernière expression pour les *Nymphéas* de Monet.

Ne voir que les aspects toujours changeants du monde, tous irréductiblement différents les uns des autres, mène à la folie. Si dangereuse que puisse être l'activité simplificatrice de l'intellect d'un certain point de vue, d'un autre il faut admettre son bénéfice.

Dans « Funes ou la mémoire », une nouvelle de *Fictions* de Borges, le personnage éponyme est affligé d'une mémoire sensible hypertrophiée : le chien qu'il voit dans la rue à tel moment est différent du même chien qu'il verra l'instant d'après, lequel à son tour sera différent du précédent, etc. Dans cette nouvelle, l'incapacité d'abstraire intellectuellement mène à la folie.

Et on connaît la pathologie de l'agnosie, l'incapacité à reconnaître objets et aussi visages (prosopagnosie). On pourrait dire que l'abstraction sensible totale procède au départ de la même orientation, et en empêchant tout échange enfermerait créateur et récepteur dans le solipsisme.

Certes ses partisans répondraient que quand tout se peut reconnaître dans une œuvre, la liberté du regardeur est totale. C'est possible, mais l'œuvre serait un peu analogue alors aux planches du test projectif de Rorschach, utilisé par certains psychiatres pour déterminer la personnalité des patients en fonction des réponses et associations qu'ils font sur elles. Mais quand des formes aléatoires peuvent donner naissance à une infinité de significations, ce qu'on appelle une pansémie, il n'y a pas de communication entre le peintre et le spectateur, pas de dialogue, pas de partage. Pouvoir dire tout ici est ne dire rien.

Rimbaud d'ailleurs reconnaît que son entreprise met la communication en péril : « J'ai seul la clé de cette parade sauvage », dit-il dans ses *Illuminations*. Par là il avoue que son langage est un idiolecte.

On célèbre aujourd'hui Rimbaud, et avec raison, comme un très grand poète. Beaucoup de ses réalisations sont magnifiques et fulgurantes. Mais on ne s'occupe pas d'essayer de comprendre certains passages énigmatiques dans ses textes, sans doute parce qu'on aurait trop de mal à le faire. Signe des temps...

Il a avoué à la fin d'*Une Saison en Enfer* que sa voie pouvait être sans issue :

Moi ! moi qui me suis dit mage ou ange, dispensé de toute morale, je suis rendu au sol, avec un devoir à chercher, et la réalité rugueuse à étreindre! Paysan ! ...
Enfin, je demanderai pardon pour m'être nourri de mensonge.

Bien sûr ce que je dis à son sujet vaut surtout pour certains de ses épigones ou imitateurs, dans la poésie contemporaine par exemple. – Et de toute façon il y a certains échecs qui sont bien meilleurs que toutes les réussites du monde...

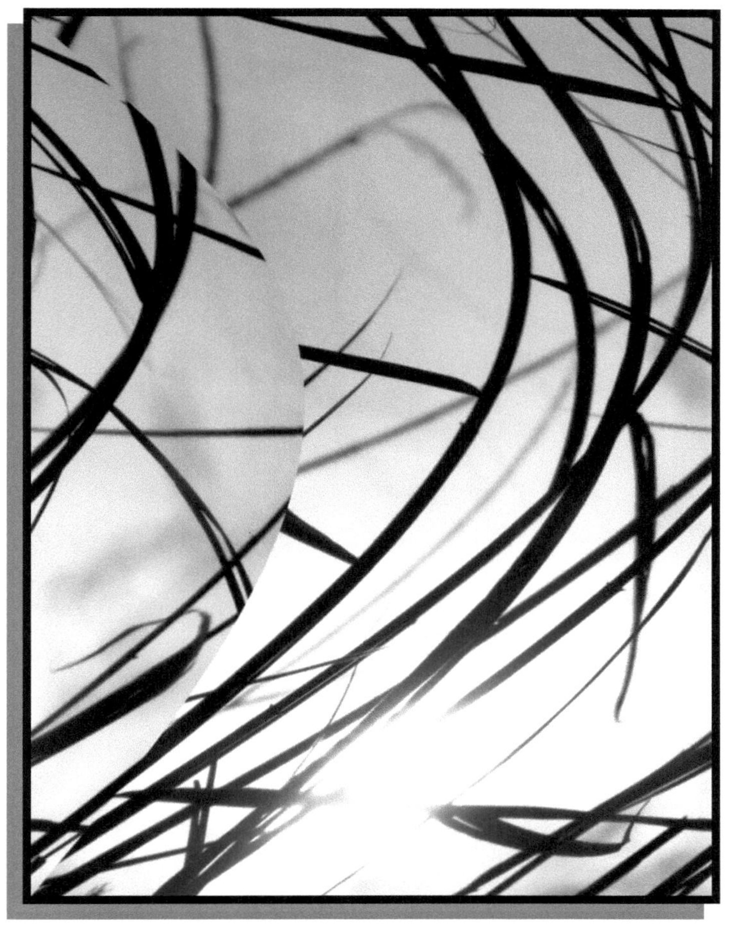

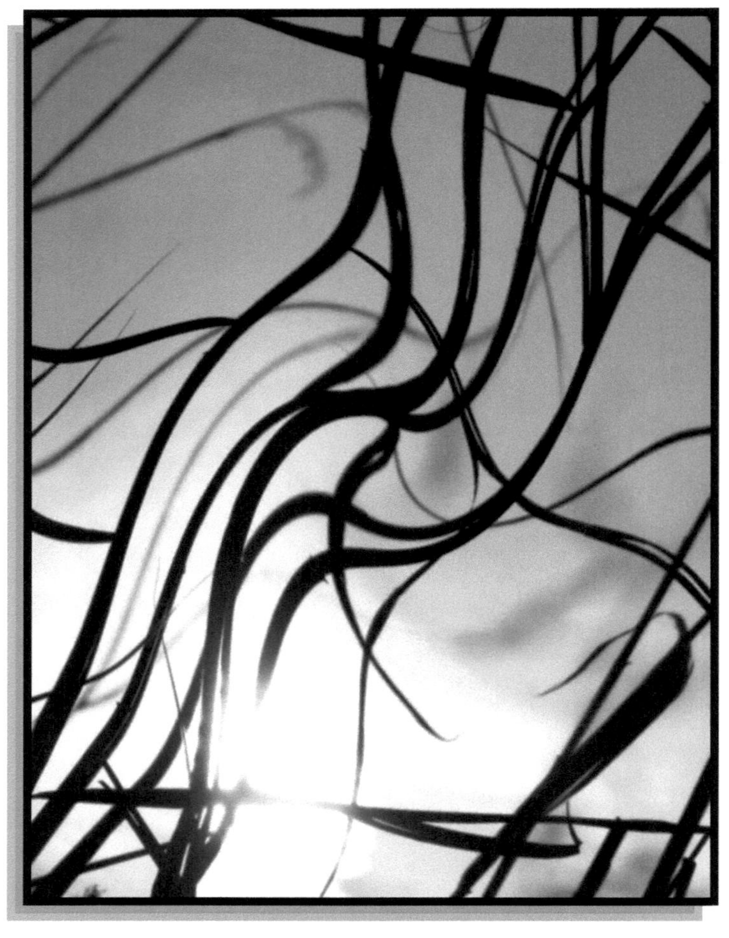

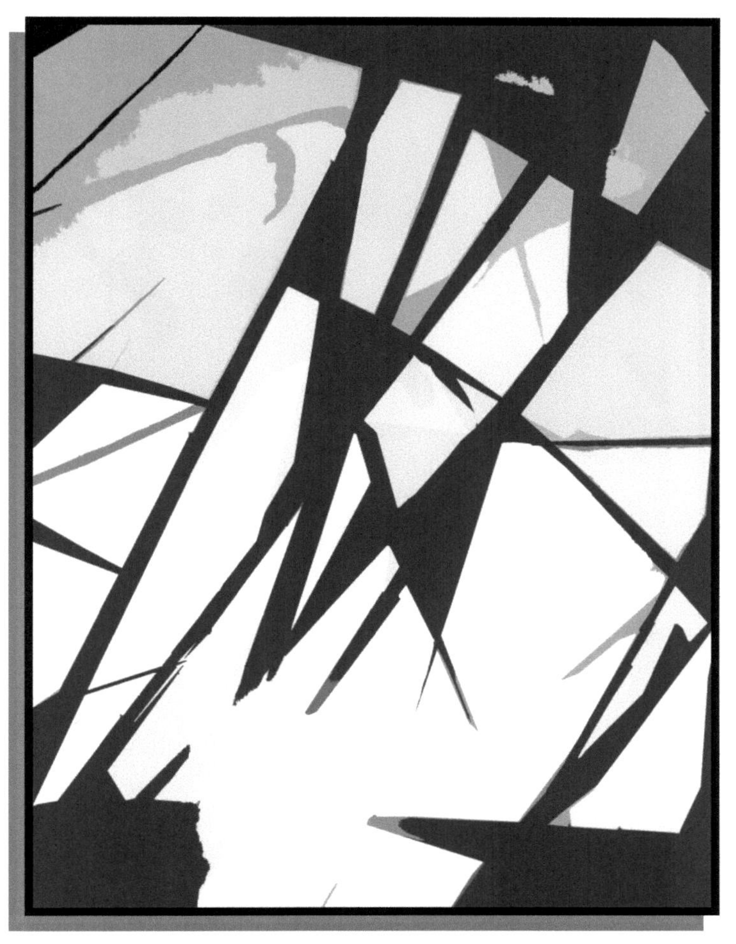

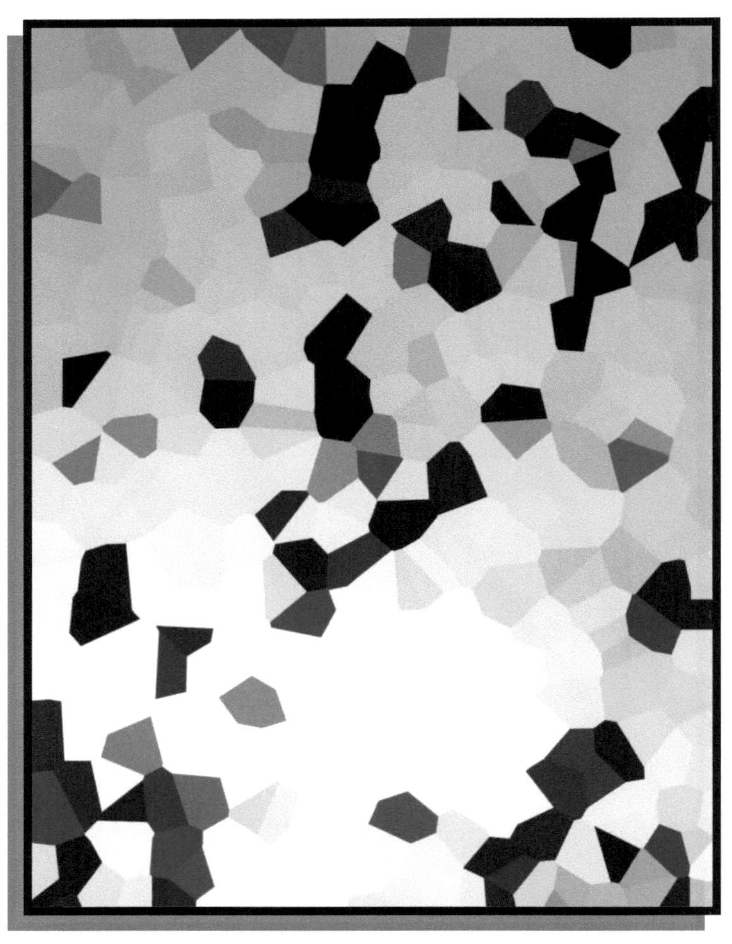

2. Organisation

Je parlerai maintenant de la deuxième rupture et du deuxième brouillage, non plus du vocabulaire ou des matériaux cette fois, mais de la syntaxe ou de l'organisation, tant du texte que du tableau. Après l'altération de la touche picturale, vient maintenant celle de la disposition des éléments, de la composition.

Cette rupture est sans doute plus importante. Par exemple, toucher à la syntaxe d'une langue est bien plus lourd de conséquences que toucher à son vocabulaire. S'il n'est jamais très grave d'importer dans une langue des mots étrangers, il l'est beaucoup plus de transgresser ou de déconstruire les constructions. L'esprit et son fonctionnement sont sans doute plus impliqués et donc potentiellement plus vulnérables dans ce dernier cas.

Si Rimbaud se contente de brouiller le vocabulaire, Mallarmé, lui, ajoute la dislocation de la syntaxe. Il compose en synchyses (mot grec qui veut dire : confusion), c'est-à-dire qu'il bouleverse l'ordre des mots dans la phrase.

Dans les langues à déclinaisons on peut tout faire, mettre les mots dans l'ordre qu'on veut. En latin, *Paulus Petrum videt* (Paul voit Pierre) peut être dit de plusieurs façons : les mots peuvent s'intervertir, puisque leur fonction est indiquée dans leur désinence qui marque le cas, et non pas par leur place dans la phrase. Mais pas (ou très peu) en français. Voyez, pour exemple plaisant de synchyses, la litanie du *Bourgeois Gentilhomme* :

D'amour me font, belle marquise, vos beaux yeux mourir...

Le discours alors n'est plus unifié et hiérarchisé, il éclate en petites unités de significations juxtaposées.

2. *Organisation*

C'est la fin de la vision d'ensemble, du regard synoptique. Le regard erre de façon éparpillée sur les choses. Ainsi chez Mallarmé :

> Victorieusement fui le suicide beau
> Tison de gloire, sang par écume, or, tempête...

Aux métaphores *in absentia* (« or », etc.), le poète ajoute ici le décousu du discours. Ce dernier est alors brouillé de deux façons : vocabulaire obscurci, et syntaxe décousue.

À cela on pourra opposer Hérédia, qui compose classiquement encore, dans un discours lié et ordonné. Le sujet est le même, celui de la bataille d'Actium :

> Et sur elle courbé, l'ardent Imperator,
> Vit, dans ses larges yeux étoilés de points d'or,
> Toute une mer immense où fuyaient des galères.

Dans une des nouvelle de *Fictions*, « Le Miroir et le Masque », Borges a illustré ces deux phases de l'expression, celle où le langage triomphe avec toutes ses possibilités rhétoriques, et celle où il hésite et semble donner naissance à une nouvelle langue sacrée, comme dans certains mantras, qu'on peut répéter ou psalmodier sans les comprendre. Pour reprendre l'exemple précédent, dans la poésie de Mallarmé le langage ne *représente* pas la bataille comme chez Hérédia, il *est* la bataille. J'ai mentionné plus haut la différence qu'il y a, pour Duthuit dans *Le Feu des signes*, entre la « représentation » et la « présence ».

Dans *Le Plaisir du texte*, Barthes oppose les textes de « plaisir », où l'on célèbre et incarne l'héritage avec toutes ses séductions, et les textes de « jouissance », où l'on se complaît à le détruire, pour une plus grande authenticité : pour éviter enfin que les mots expriment vraiment, au lieu de remplacer.

De la même façon, Jean Paulhan, dans *Les Feurs de Tarbes, ou la Terreur dans les Lettres*, parle d'un rythme oscillatoire entre les périodes de « Rhétorique », où on sacrifie à tous ses prestiges, et les périodes de « Terreur », où on les détruit – souvent pour les avoir trop fréquentés. En somme, la rhétorique est comme le mariage : ceux qui sont dehors veulent y entrer, et ceux qui sont dedans veulent en sortir.

Il me semble que ces oppositions ont un équivalent dans le monde de l'Art. Élie Faure, dans *L'Esprit des formes*, parle d'un « Grand rythme » analogue auquel ces dernières seraient soumises. C'est sans doute compréhensible : on cherche l'ombre quand on a chaud, et le soleil quand on a froid.

*

À un discours lié et centré succède un discours disparate et décousu. Exactement de la même façon que Mallarmé en poésie, Degas, Cézanne brouillent l'organisation de l'*espace* dans le tableau : il y a chez eux pluralité des espaces juxtaposés, plusieurs points de fuite différents dans l'œuvre. L'angle de champ adopté est plus large que celui de la vision ordinaire, yeux gardés immobiles. Cette figuration est incompatible avec la vision en perspective et à point de fuite unique, supposant un spectateur unique et immobile, issue de la Renaissance italienne. Sur le sens anthropologique de cette dernière, voyez *La Perspective comme forme symbolique*, de Panofsky.

Monet, Renoir, les peintres impressionnistes traditionnels, sont très sages dans la figuration de l'espace, qui n'est pas chez eux tordu ou bossué comme chez Cézanne, ou Van Gogh. Je ne sais pas d'ailleurs pourquoi on appelle ces derniers encore des Impressionnistes. La tête d'un des deux *Joueurs de cartes,* de Cézanne, est deux fois plus petite que celle de l'autre : il y a juxtaposition de deux distances visuelles incompatibles, ce sont comme deux images réalisées à échelle différente.

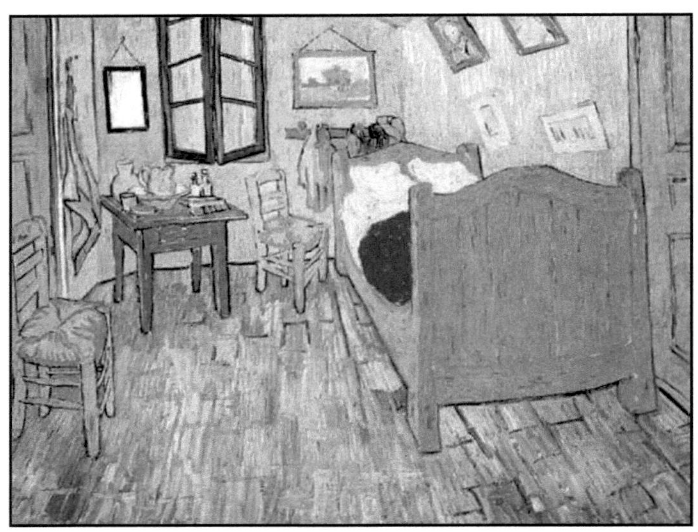

La Chambre de Van Gogh (v. ci-dessus) a une perspective extrêmement accélérée, et est peinte comme on dirait en photographie au grand angulaire : premier plan trop grand, et / ou arrière-plan trop petit.

Cette vision en « grand angulaire » dans la composition du tableau ouvre l'espace à un nouveau regard, « barbare », qui est, en comparaison de la vision classique, un regard errant, mobile, éparpillé. Le regard s'émancipe, devient nomade. Ce n'est plus la boîte optique traditionnelle, contraignant et dirigeant l'œil, renaissante et post-renaissante. Cette dernière unifie, subordonne, hiérarchise. La nouvelle vision juxtapose.

*

2. Organisation

Un équivalent de la composition en peinture est la syntaxe verbale. Elle comprend deux modalités : soit la juxtaposition des éléments, appelée parataxe, soir la subordination de certains éléments à d'autres, appelée hypotaxe. La première peut se faire avec coordination (« Il fait beau, *et* je sors »), ou sans coordination (« Il fait beau, je sors »). Dans ce dernier cas on parle d'asyndète (absence de liens), ou de parataxe asyndétique. L'hypotaxe ici serait : « Comme il fait beau, je sors. » On y distingue traditionnellement une proposition subordonnée (« *Comme* il fait beau »), et une proposition principale (« Je sors »).

Dans le monde du visible, un premier plan net pourrait être par l'esprit l'« équivalent » de la proposition principale, et un arrière-plan flou qui le met en valeur, le rehausse, celui de la proposition subordonnée. C'est cette subordination ou hiérarchisation, encore recherchée par exemple en photographie de portrait, qui disparaît dans l'art moderne.

Ainsi, à une composition fondée sur la subordination ou « hypotactique », qui assure une nette hiérarchisation des plans (selon le regard de la vision unifiée, immobile et attentive, mettant les choses en perspective : *perspicere*), succède une composition juxtaposante ou paratactique, fruit d'une vision ambulante et changeante. Aucun tableau post-cézannien (cubiste, etc.) ne peut se voir d'un seul coup d'œil. Il faut supposer que le peintre l'a peint fragment après fragment, se concentrant d'abord sur cet endroit, puis sur cet autre, etc. Et le spectateur, s'il veut accommoder chaque fois sur les différents endroits du tableau, doit se situer chaque fois à une distance différente, donc mentalement se déplacer.

Finalement, rendu à l'ambulation, il peut se promener librement dans le tableau, en adoptant à chaque fois une nouvelle perspective mentale. Tandis que la composition traditionnelle avec le tyrannique point de perspective qui

« tire » et immobilise son regard, le ligote sur son siège et l'immobilise.

La différence est la même entre le théâtre moderne, ou les acteurs peuvent intervenir depuis différents points de la salle, y compris l'espace dévolu au public, et le théâtre classique dit « à l'italienne », où le spectateur est solidement prisonnier de son siège et doit fixer la scène, le seul point possible pour lui : de ce fait, il est évidemment moins libre. Comme l'est dans l'*Odyssée* Ulysse face aux Sirènes, attaché au mat de son bateau.

Ce nouvel espace, tordu et bossué, mais plus vivant à bien des égards, est celui qu'on obtient en photographie, comme je l'ai dit, avec l'objectif grand angle. Il peut ouvrir le champ visuel dans un angle de 75 degrés, et même au-delà avec le super-grand angle (*fish eye*, ou « œil de poisson »). Tandis que l'objectif dit « normal » (le 50 mm en format 24x36) ne l'ouvre qu'à 45 degrés : le même angle et champ de vision que nous avons quand nous fixons un point devant nous sans bouger les yeux. C'est la boîte optique en vigueur dans la peinture depuis la Renaissance italienne.

*

En rhétorique, ce décousu de la vision apparaît dans maintes figures. Je pense non seulement à la synchyse (qui finalement est une sorte d'anagramme, non plus limitée au mot, mais transposée à la phrase), mais surtout au choix syntaxique de la parataxe, asyndétique ou non, succédant au discours lié, d'essence hypotactique.

« Je regardais le ciel et il était bleu et doré », écrit Camus, dans *L'Étranger*. Dans cette phrase, il y a juxtaposition de deux visions, de deux remarques, dont aucune n'est liée à l'autre par subordination évidente. Cette figure participe par l'esprit de l'hendiadyin (ou hendiadis),

autre figure du décousu syntaxique, qui consiste à dire :
« Bleu *et* ciel », pour « Bleu *du* ciel ».

L'hendiadyin (fait de dire « un par deux ») rend compte d'une vision surprise et mouvante, non unifiée par la logique et l'intellect. Dans l'immédiateté de la perception on ne subordonne pas, ce qui est le rôle de l'intellect, on juxtapose simplement les visions. La perception errante passe d'une vision à l'autre, sans les unifier ou les hiérarchiser.

On voit bien cela dans le tout début de l'*Énéide* de Virgile :

Arma virumque cano...

« Je chante les armes et le héros »... C'est l'œil seul qui voit d'abord les armes *et* le héros. Et l'esprit, ensuite, qui comprend : « les armes *du* héros ». En allant plus loin dans la logique et la dépoétisation, il pourra voir une métonymie instrumentale dans « armes », et corriger de dernier en « exploits ». – Mais faut-il toujours comprendre, rectifier ?

Je pense qu'il y a de façon quasi littérale des hendiadyins picturaux. Comme l'hendiadyin verbal dit « une chose au moyen de deux », l'hendiadyin pictural peut être, par exemple dans le cas du portrait, de fait de dire un visage au moyen de deux vues de ce dernier, une prise de face et une prise de profil. Je pense, entre autres, au *Rêve* de Picasso, mais aussi à l'art égyptien, qui a pu l'inspirer, où l'ensemble d'une figure en train de marcher mêle la vue de face (l'œil, les épaules), et la vue de profil (le visage et les pieds).

Cette juxtaposition de vues ordinairement considérées comme séparées donne du sujet une vision plus vivante, et aussi plus complète, par addition d'informations. Ce n'est pas pour rien que les services anthropométriques ont besoin, pour un seul visage, de deux photos, une de face et une de profil.

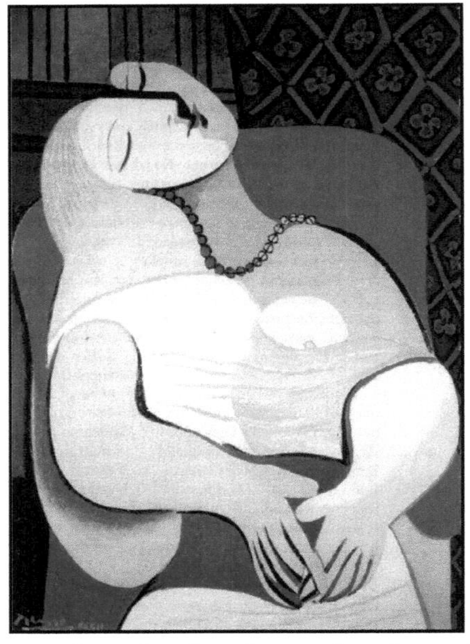

Notez cependant que dans le cas d'un visage comportant une vue de face et une vue de profil, et en général dans toute représentation à double ou multiple sens, l'œil voit tantôt une et tantôt une autre des versions. Il ne les voit pas simultanément.

Dans le domaine verbal, on pense évidemment à la syllepse sémantique (ou jeu de mots) qui consiste à voir deux signifiés différents derrière un seul mot. Ainsi dans :

Brûlé de plus de feux que je n'en allumai...
(Pyrrhus, dans *Andromaque* de Racine)

le mot « feux » a deux sens, un sens propre (les incendies que Pyrrhus a allumés), et un sens figuré métaphorique (la passion amoureuse qui l'habite). L'esprit les saisit tout à la fois semble-il. Tandis que dans la syllepse plastique (œuvres à double ou multiples lectures) les différentes visions sont alternatives et une fois choisies exclusives les unes des autres.

Finalement les tableaux cubistes, par leur composition formelle, sont des synchyses ou des anagrammes plastiques, où le discours spatial renaissant ou post-renaissant se découd. Par l'esprit, ce sont des parataxes, des asyndètes, des hendiadyins, des syllepses, des anacoluthes même (ruptures de construction), par rapport à la représentation renaissante. Si on sent cette dernière comme la norme, ce sont des transgressions.

*

Je vais faire sentir la différence entre l'impressionnisme et le cubisme au moyen d'un exemple. Les tableaux impressionnistes relèvent plutôt de la métaphore, ou brouillage des nominations, ou bien encore de l'hypallage, ou brouillage des qualifications ainsi que de la façon ordinaire ou « logique » de présenter la perception. Ainsi, une phrase comme celle de Rimbaud :

> Au bois, il y a une cathédrale qui descend et un lac qui monte

est comme un tableau impressionniste, unissant métaphore (« cathédrale », pour « arbres de la forêt ») et hypallage, soit de qualification soit de perception ; « qui descend » et « qui monte » peuvent être vus comme des qualifiants (alors intervertis), ou bien cette façon de dire simplement inverse la perception (habituellement, l'arbre « monte », et on « plonge » dans l'eau). Mais au fond cela revient au même : dans son esprit, l'hypallage revient toujours à inverser la façon habituelle de percevoir. Ici, c'est le reflet et le réel qui se mêlent, et s'inversent, s'échangent, comme le dit l'étymologie d'*hypallage* (en grec : échange) : ce qui est « objectivement » en haut, passe en bas, et inversement.

Mais si, dans la formulation de Rimbaud, le lexique est brouillé, et les formes diluées, l'organisation syntaxique traditionnelle, elle, est respectée. Un tableau cubiste serait, au contraire, en gardant même les termes propres, la synchyse :

> Forêt au bois il y a et lac.

2. *Organisation*

Ici j'ai ajouté pour faire bonne mesure l'hyperbate, ou adjonction inopinée, comme quand se ravise (« et lac »). Cette dernière figure en effet, comme toutes les autres, est tout sauf ornementale. Dans le langage parlé, immédiat, vivant, on la pratique : on se ravise constamment et se corrige. Et pour dire cela je viens de faire tout naturellement une hyperbate (pour : « on se ravise et se corrige constamment »). Rythmiquement en outre, ce ravisement est un ravissement. – « Paul est venu, et Pierre » est bien plus immédiat et sans doute naturel que « Paul et Pierre sont venus ».

Autre exemple qui relèverait d'un ordre verbal dit normal :

Pupille de l'œil / Christ / Vingtième siècle.

Mais il est brouillé ainsi dans « Zone » d'Apollinaire :

Pupille Christ de l'œil Vingtième pupille des siècles il sait y faire...

La synchyse ici est généralisée, comme dans un collage juxtaposant des éléments mêlés sans ordre, pièces d'un puzzle dont on n'a plus l'image de base.

*

Tandis que l'hypallage se contente de brouiller la caractérisation (qualification, présentation perceptive), c'est maintenant l'*énallage* qui pourrait résumer ce brouillage dans l'organisation du discours moderne, aussi bien en poésie qu'en peinture.

Par exemple, si en parlant je dis « je », puis « tu », en m'adressant à moi-même, je fais une énallage de pronoms, et un tableau cubiste, puisque je juxtapose deux perspectives antinomiques. Voici comment Apollinaire, toujours dans « Zone » :

2. *Organisation*

Tu n'oses plus regarder tes mains et à tout moment *je* voudrais sangloter...

Je peux aussi, après « je », dire « il », parler de moi à la troisième personne. Comme si je peignais quelqu'un à la fois de face et de profil, de trois quarts, etc. Il y a aussi des énallages de temps, qui brouillent la sacro-sainte concordance des temps, transmise par l'École en tant que norme grammaticale à respecter, comme les cubistes ont brouillé la concordance des espaces sur le tableau. Je peux refaire à ma façon le vers susdit d'Apollinaire :

Tu n'oseras plus regarder tes mains et à tout moment je voulais sangloter

Je crée encore de nouvelles perspectives, que je juxtapose aux premières. Pourquoi pas ?

De toute façon, toutes ces transgressions d'un ordre logique dit (inexactement) normal ou naturel sont pratiquées quotidiennement dans le langage vivant. Qui ne s'est pas adressé à lui-même, dans un moment de grande émotion, en se disant « tu », ou « il » ? La règle du « je » est bien souvent transgressée dans la vie courante.

Ou bien qui dans son discours spontané n'a pas mélangé aléatoirement les perspectives temporelles suivant la pure impulsion de l'instant ? « Je suis, tu seras, il était... » : tout cela peut se succéder immédiatement et se mêler dans un même discours, par exemple quand on raconte une histoire. Dans le feu de l'impression, rien ne s'ordonne à la logique.

Ce sont les micro-folies habituelles de l'homme raisonnable, le détrônement du cartésien en lui. En somme, le quart d'heure de folie du chat... Et pa rfois aussi ces libertés de langage, heurtant les conventions de son mode d'emploi, sont des bugs dans le programme social.

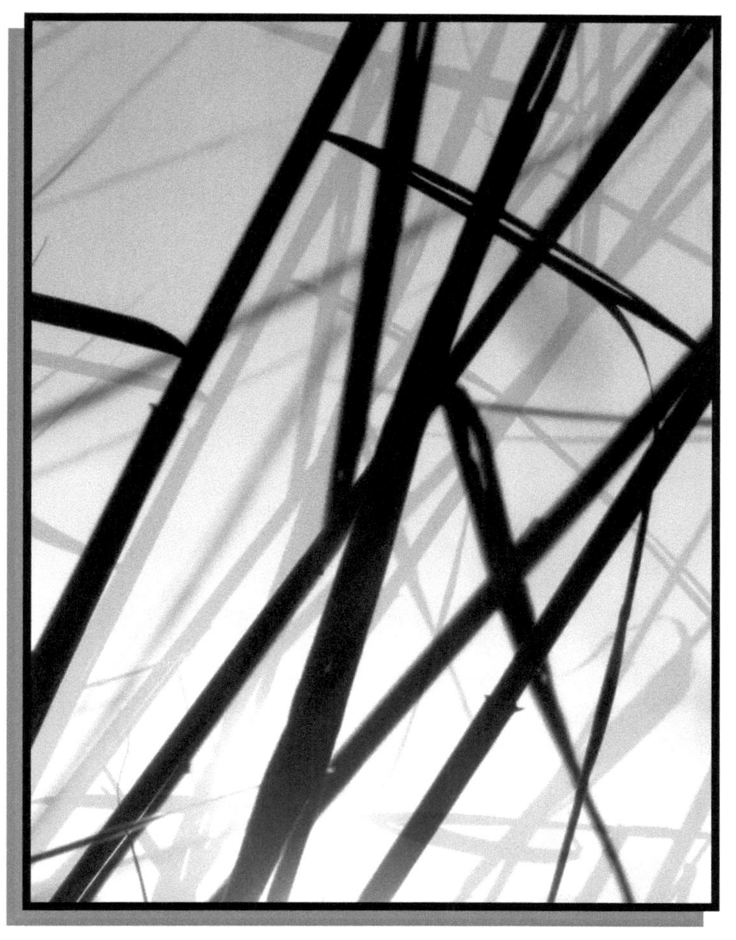

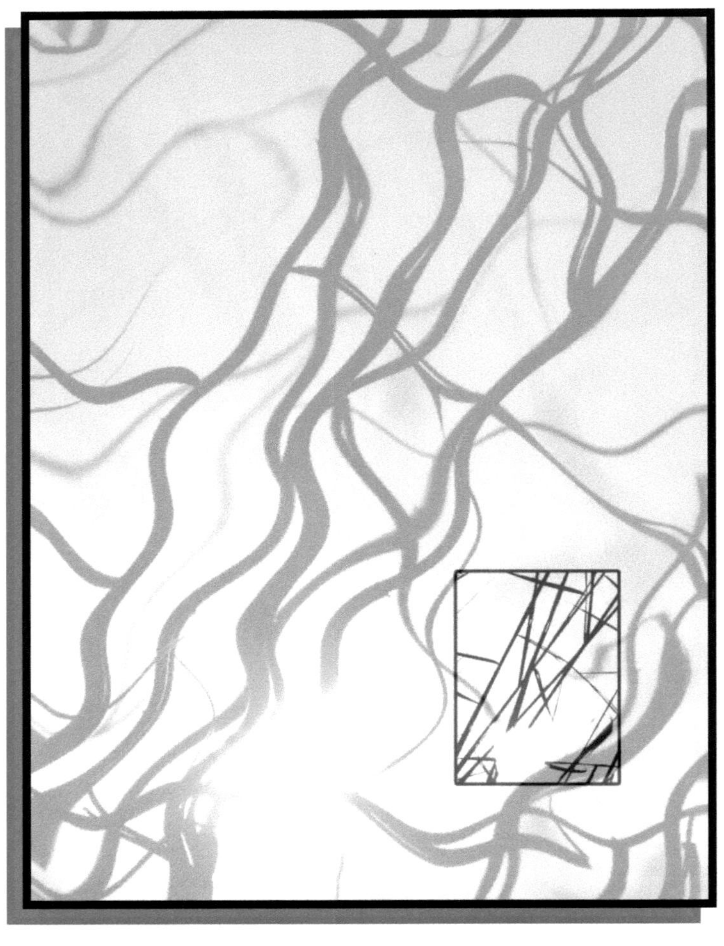

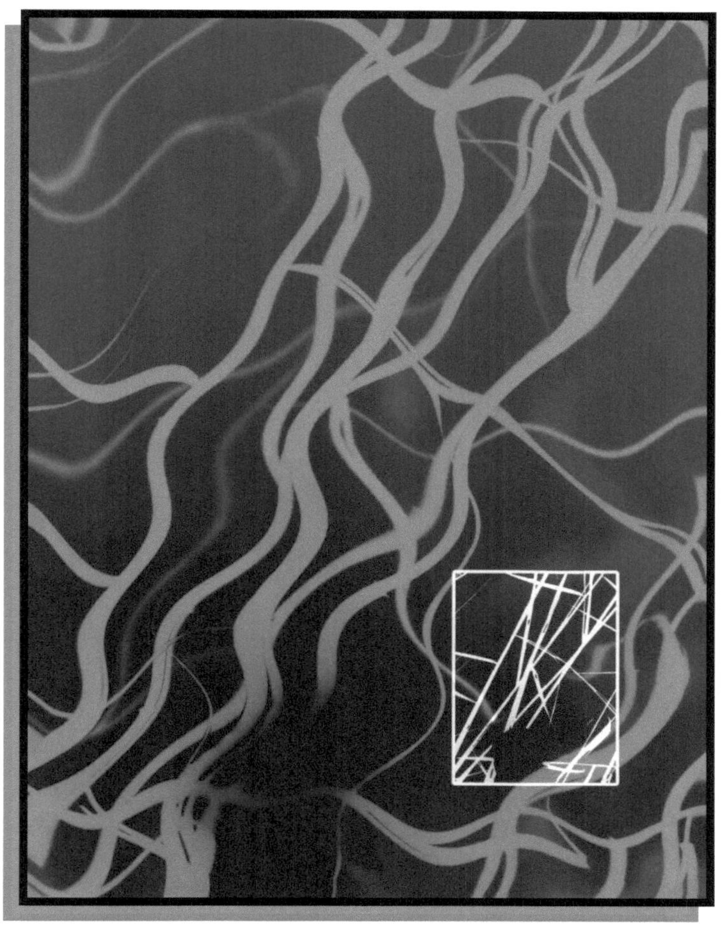

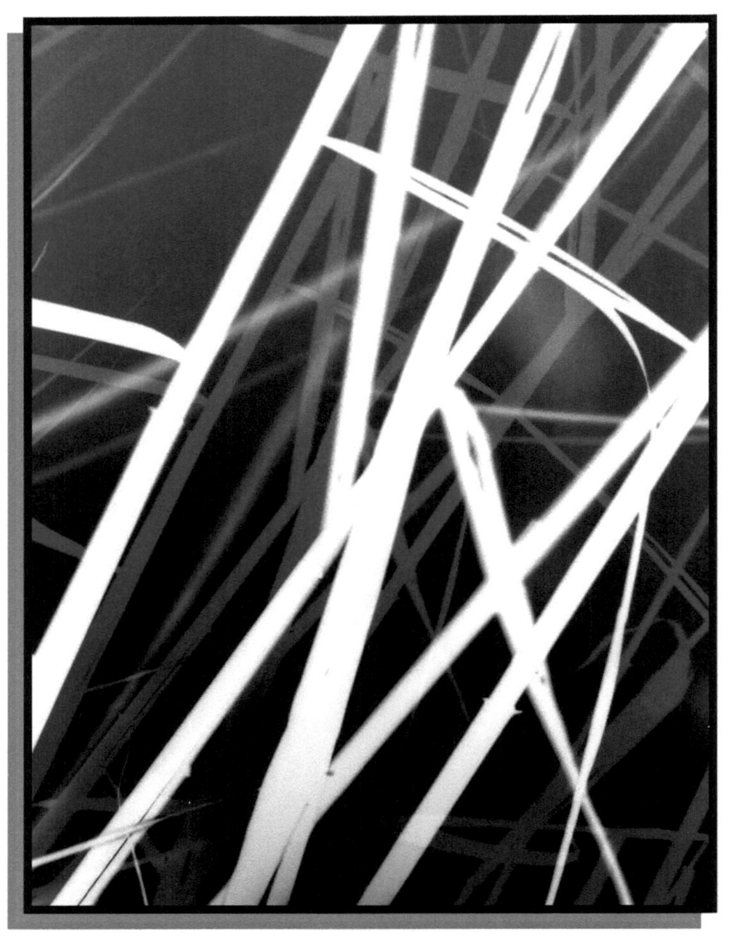

3. Destin des transgressions

Depuis longtemps repérées dans le discours par la rhétorique classique elle-même, toutes les transgressions que viens d'évoquer, toujours en elles-mêmes fascinantes, sont évidemment dangereuses pour la compréhension. Elles existent déjà à l'époque classique, paraissent parfois, aux yeux des meilleurs esprits, pour ce qu'il y a de plus beau et de plus précieux dans le discours. Cependant, elles ne sont pas – loin s'en faut – aussi hardies qu'aujourd'hui, et elles sont toujours endiguées et contrôlées.

Ces figures, comme on l'a vu, ont l'immense mérite de nous mettre face à face avec la perception elle-même, saisie à la racine, avant la mise en ordre et les corrections opérées par l'intellect. Elles sont purs surgissements sensibles de ce qui apparaît sans médiation, pure phénoménologie.

En fait, je pense qu'elles sont des vestiges d'un état archaïque de l'esprit, qui s'en est dégagé ensuite par le discours lié cartésien : « les longues chaînes de raisons... » évoquées dans le *Discours de la méthode*. À cet état alors fait retour la création moderne, après la parenthèse disciplinée des époques classiques.

Mais aussi, et on ne s'en rend pas assez compte, elles existent toujours dans le langage vivant, des plus simples aux plus hardies. Il se fait plus de figures quotidiennement dans la rue qu'à l'Académie française : il n'est que d'écouter la façon dont on parle communément. Simplement on fait ces figures sans s'en rendre compte, comme Monsieur Jourdain faisait de la prose en parlant.

*

3. Destin des transgressions

J'ai parlé dans le chapitre précédent des énallages. Je peux maintenant mettre cette question en perspective historique, en rapprochant comme toujours le monde des mots de celui des images.

Si la peinture occidentale a unifié l'espace à la Renaissance, en l'immobilisant dans la représentation tyrannique, mathématisée, et sécurisante de la perspective, la littérature, elle, a unifié le *temps*. Au XVIIe siècle, avec par exemple les grammairiens de Port-Royal, la Chronologie est entrée sous la domination de la Logique. On a alors pris l'habitude de faire « concorder », comme on dit, les temps entre eux ; pour le reste, ils ont été bien séparés, chacun recevant une affectation ou une zone d'emploi particulière. Interdiction était faite de passer abruptement, sans transition, de l'un à l'autre. D'où l'impossibilité, a priori, d'écrire comme ceci, qui semble être du « cubisme littéraire », et comme un parfait répondant au mélange des perspectives dans les tableaux cubistes :

> Comme elle gardait la même attitude, il fit plusieurs tours de droite et de gauche pour dissimuler sa manœuvre ; puis il *se planta* tout près de son ombrelle, posée contre le banc, et il *affectait* d'observer une chaloupe sur la rivière.
> (...) Mlle Marthe *courut* vers lui, et, cramponnée à son cou, elle *tirait* ses moustaches.
> (Flaubert, *L'Éducation sentimentale*, I, 1)

Ce fameux, cet admirable imparfait de Flaubert renouvelle peut-être davantage notre vision du monde, selon le mot de Proust, que toute l'œuvre de Kant... Il est un « arrêt sur image », comme on dit au cinéma ; il mêle hardiment et abruptement deux visions de la temporalité qui jusque là n'étaient absolument pas miscibles. Mélangeant très rapidement la l'action et la contemplation, et subordonnant la première à la seconde, il traduit une conscience mobile, non tyrannisée par le besoin d'ordre ou de concordance : à partir de Flaubert, il n'y aura plus forcément désormais en littérature de concordance des temps, comme chez Degas ou Cézanne il n'y a plus de concordance des espaces dans le tableau. Et de même que Picasso et Braque pourront mêler en un seul visage sa moitié de face et sa moitié de profil, de même Duras, par exemple, en une seule scène peut mêler abruptement le futur, le passé composé, le présent, le passé simple, etc., multipliant ainsi, au sein du texte et dans son ordre propre, ses *perspectives* :

> L'homme *passera* outre au parc tôt ou tard. Il *est passé...* Elle *tente* de sourire davantage, n'y *arrive* plus. On *répète*. Elle *lève* une dernière fois la main dans le désordre blond de ses cheveux. Le cerne de ses yeux *s'est* encore *agrandi*. Ce soir, elle *pleura*.
>
> (*Moderato Cantabile*, chap. VII)

Mais une grande illusion ici serait de croire que ces opérations sont seulement nouvelles. En fait, *retour* simplement est fait à des postures ou attitudes de la conscience face à la vie, au temps ou à l'espace, très anciennes, à des époques primitives ou archaïques, en somme pré-cartésiennes, où la conscience était encore souple et mobile, non disciplinée par la logique. Voici, par exemple, un Flaubert primitif :

> Aussitôt l'homme *se mit* à voir et il *suivait* Jésus sur la route.
>
> (*Évangile de Marc,* 10/42 : guérison d'un aveugle)

Et voici un « Duras »» du XIIe siècle :

> Roland *sent* que la mort le saisit,
> Que de la tête sur le cœur elle lui *descend*.
> Dessous un pin il *est allé* courant,
> Sur l'herbe verte *s'est couché* sur les dents,
> Dessous lui *met* l'épée et l'olifant,
> *Tourna* la tête vers la païenne gent :
> Et il *l'a fait* parce qu'il *veut* vraiment

3. *Destin des transgressions*

Que Charles dise, avec tous les siens,
Que le noble Comte *est mort* en conquérant.
Il *bat* sa coulpe à petits coups, souvent,
Pour ses péchés *tendit* à Dieu son gant...
        (*La Chanson de Roland*)

Puis, en période « classique », tous ces temps ont été ordonnés, disciplinés :

Tous les preux *étaient* morts, mais aucun n'*avait* fui ;
Il *reste* seul debout, Olivier près de lui...
        (Vigny, « Le Cor », *Poèmes Antiques et Modernes*)

Mais tout se passe comme si, passée la phase « classique » de l'art, selon les termes de Focillon dans sa *Vie des Formes*, l'époque moderne retournait à la première phase, la phase archaïque – et qui correspond très souvent à la façon immédiate de s'exprimer. N'est-ce pas d'une identique façon qu'on a rapproché des cubistes les artistes *primitifs*, sculpteurs nègres, peintres égyptiens, etc. ? Détruire est revenir. Rien sans doute n'est nouveau, et le plus moderne est peut-être le plus ancien.

Libérée de la police grammaticale incarnée encore et souvent par l'École, l'écriture fera désormais ses figures libres, comme on dit en patinage, et non seulement ses figures imposées. Ce qu'on appelle la *faute* dans le langage (comme la maladresse dans le dessin) tient simplement à l'absence de conscience de ce qu'on fait. S'il y a conscience et volonté, si le dérapage est contrôlé, la faute n'existe plus. On pourra dire par exemple : « Il m'a dit qu'il m'aime », et non pas comme on pourrait s'y croire obligé par la sacro-sainte concordance : « Il m'a dit qu'il m'aimait ». Mais évidemment le sens est très différent dans les deux expressions...

*

Cependant il y a une folie potentielle dans chacune des figures du brouillage, lexical et syntaxique, qui tient précisément à la reddition de l'intellect, de son activité liante, organisante, hiérarchisante et subordonnante.

Par exemple l'agnosie visuelle, l'incapacité de reconnaître les objets et de mettre un nom sur les choses, est le danger qui guette la pratique généralisée de la métaphore *in absentia*, fréquente dans la poésie d'aujourd'hui : elle est une hallucination, la substitution véritable d'une réalité à une autre. Elle empêche tout partage, et Chrysale n'a pas toujours tort à cet égard :

> On cherche ce qu'il dit après qu'il a parlé,
> Et je lui crois, pour moi, le timbre un peu fêlé...

La déconstruction psychique guette aussi l'hendiadyin. Ainsi Éluard écrit, dans *Les Yeux fertiles* :

> Elle et ses lèvres racontaient...

C'est très beau, c'est évidemment mieux en tant qu'hendiadyin que la formule « rectifiée » (les lèvres d'elle », ou « ses lèvres »), mais faut-il en abuser ? Cela pourrait mener à la « prosopagnosie ». On commencerait d'abord par dire : « je vois le chapeau *et* la femme », au lieu de « le chapeau *de* la femme », puis on ne distinguerait plus la femme du chapeau. Voyez là-dessus le livre d'Oliver Sacks, catalogue édifiant de pathologies psychiques insolites : *L'homme qui prenait sa femme pour un chapeau.*

Le regard errant est à la fois celui du grand poète (j'ai rappelé le début de l'*Énéide* : « Je chante les armes et le héros »), du peintre cubiste, et du fou. Il est très grave dans la vie ordinaire de ne plus pouvoir subordonner, c'est-à-dire organiser, hiérarchiser. Il se produit une décomposition psychique, repérée par exemple par Sartre dans *La Nausée*. Toutes choses apparaissent étranges, essentiellement contingentes, alors que jusque là on les croyait enserrées dans la nécessité harmonieuse du *logos*. Cette expérience est le sentiment de l'absurde (*a-logos*).

À un monde totalement étranger et chaotique, nous ne pouvons participer. Aucune projection empathique, aucune *Einfühlung* n'y est possible. J'emprunte cette dernière notion à Wilhelm Worringer, dans *Abstraction et Einfühlung*.

L'artiste aujourd'hui se décompose, se démembre ou est démembré : Osiris-Orphée. Mais aussi le moi pluriel de l'énallage pronominale est une pathologie : on voit un autre en soi, ou on se voit de l'extérieur. C'est un phénomène d'« autoscopie », comme Maupassant le décrit dans *Le Horla*. « Je est un autre », dit de même Rimbaud, pour décrire cette situation de scission intérieure. Poétiquement c'est très beau. Mais un schizophrène en pourrait dire autant.

Aux époques classiques, tous ces dangers sont bien vus, et il y a des garde-fous ou des contre-feux dressés.

D'abord les métaphores ne sont pas complètement hardies, voire arbitraires. Si l'on veut une représentation figurée du phénomène, on peut imaginer un un angle. À l'époque classique, l'angle formé par le thème et le phore est aigu (inférieur à 90°). Puis à mesure qu'on se rapproche de l'époque moderne, et que la hardiesse augmente, cet angle devient obtus (supérieur à 90°). Enfin, il peut atteindre 180° au XXe siècle (cas du surréalisme par exemple). Thème et phore sont alors séparés par une ligne parfaitement droite : ils sont à l'opposé l'un de l'autre. C'est à ce moment-là que la communication et le partage du sens sont mis en péril.

Pour éviter cet inconvénient, il y a à l'époque classique un guidage des métaphores, une préparation du sens par le contexte, etc. Ces procédés existent encore chez certains modernes (les classiques parmi les modernes). Ainsi :

Le soleil s'est noyé dans son sang qui se fige...

de Baudelaire est un discours ordonné : rhétorisé, composé. Un tableau comme on en voit, si on veut, de Poussin à Delacroix. Mais :

Soleil cou coupé...

d'Apollinaire, dans « Zone », semble au contraire être un discours totalement paratactique et décousu : comme un tableau cubiste ou post-cubiste. Cependant encore la métaphore, qui d'ailleurs n'est pas *in absentia*, est préparée par ce qui précède :

Aujourd'hui tu marches dans la rue et les femmes sont ensanglantées.

Valéry non plus n'ose jamais une métaphore *in absentia* sans la préparer ou l'entourer (discrètement, c'est là tout l'art). En général, le contexte permet de les comprendre, et d'*in absentia* elles deviennent finalement *in praesentia*. Par exemple, le premier vers du « Cimetière marin » :

Ce toit tranquille, où marchent les colombes...

comprend deux métaphores qui paraissent *in absentia* (le toit, les colombes), et qui semblent telles quelles incompréhensibles. Mais elles s'éclairent et quasiment deviennent *in praesentia* respectivement par :

La mer, la mer toujours recommencée...

pour le « toit », qui désigne donc la mer, et par le dernier vers du poème :

Ce toit tranquille où picoraient les focs.

3. *Destin des transgressions*

La synecdoque particularisante compréhensible par tous – les « focs » – fait comprendre que les « colombes » sont les voiliers.

C'est un travail délicat que fait le poète dans la pratique de la métaphore, pour que le phore, le plus précieux parce que le plus sensible, l'immédiatement perçu, soit éclairé par le thème, même quand il le précède, et permette la compréhension intellectuelle. Voyez, encore dans « Le Cimetière marin » :

Quel pur travail de fins éclairs consume...
Maint diamant d'imperceptible écume...

Ce lieu me plaît, dominé de flambeaux
Composé d'or, de pierre et d'arbres sombres...

Heureusement que le phore « diamant » est éclairé par le thème qui le suit « écume ». Sinon on ne comprendrait rien. Et même si l'écume est dite « imperceptible » (au regard), au moins le texte la mentionne. Pareillement pour les « flambeaux » qui ne se comprennent que parce qu'il y a ensuite les « arbres sombres », qui les fait reconnaître en cyprès.

Pour ce type de poètes, les meilleurs à mon avis, l'essentiel est le *trajet* que peut faire l'esprit entre les notions. Je rappelle ici la définition que Valéry donnait de l'art en général :

Une relation du formel et du significatif.

L'important est le mot « relation ». Elle ne doit pas être rompue. Le formel est la part du style, qui vise le sensible pur, et le significatif la part du sujet – tant en poésie qu'en peinture. Quand le formel prend toute la place, le danger est l'incommunicabilité. Inversement, quand le significatif est prédominant, le péril est le didactisme, ou cette « hérésie de l'enseignement » où Baudelaire voyait l'écueil majeur de la poésie.

3. *Destin des transgressions*

Finalement l'artiste, comme l'esprit constamment, fait et défait. Il est « Pénélope-Sisyphe », comme dit encore Valéry. Il y a très grand danger à perdre un des deux pôles.

*

Or ces précautions, ces préparations, ces effets de contexte n'existent plus chez les modernes, par exemple chez les disciples de Breton, chez les surréalistes et post-surréalistes. L'écriture automatique, le « cadavre exquis » sont à cet égard le vrai naufrage de l'esprit.

Dans le « cadavre exquis » surréaliste l'aléatoire règne sans partage, et la rencontre non préparée. Si, par exemple, je mêle ensemble le mot « arbre » et le mot « éponge », comme tirés d'un chapeau, ou même si je compare abruptement un arbre à une éponge (« l'arbre de l'éponge », « l'éponge de l'arbre »...), le résultat est évidemment insignifiant. Mais si je lis :

> ... et de l'éponge verte d'un seul arbre le ciel tire son suc violet. (Saint-John Perse, *Anabase*, VII)

alors l'image est intéressante, car elle s'éclaire d'un ensemble, d'un contexte, ou d'une « situation », dont on sait l'importance en linguistique : le ciel, sa couleur et sa substance, etc.

Un « équivalent » du « cadavre exquis » est la méthode des associations verbales non contrôlées pratiquée par la psychanalyse. On demande au patient d'associer des mots, sans réfléchir, et on pense que cette association contournera la censure interne, et révélera des points névralgiques de l'inconscient, comme la source des névroses, le mécanisme du refoulement, etc. On présuppose qu'il y a là une finalité.

Mais outre que cette présupposition demande à être prouvée, cette méthode n'a rien à voir avec la création artistique, où il s'agit, ou devrait s'agir, non pas d'exprimer ses problèmes individuels, mais de dialoguer avec autrui, lecteur ou spectateur, pour que passe une communication, pour que s'établisse un échange. Comme le dit toujours Valéry :

L'artiste doit faire non ce qu'il voit, mais ce qui sera vu.

Pour cela, disait-il encore, il faudrait « rougir d'être la Pythie » – entendez : de ne pas savoir ce que l'on dit.

Finalisées sont peut-être les associations verbales automatiques dans le cadre d'une thérapie individuelle, mais totalement non pertinentes dans celui d'une œuvre, qui par définition s'en distancie. De toute façon, le récit d'un rêve, sa mise en mots dans le conscient, n'est déjà pas un rêve. Et les archétypes qu'ont peut y déceler y sont plus importants que les résidus personnels des conflits, qui bien souvent relèvent de l'aléatoire.

Aux époques classiques, ce dernier n'avait pas cours :

Une merveille absurde est pour moi sans appâts.

écrit Boileau. Certes, il reconnaît la beauté d'un certain désordre, mais c'est un désordre voulu, recherché par effet de l'art. Voyez ce qu'il dit, à propos de l'Ode, dans son *Art poétique* :

Chez elle un beau désordre est un effet de l'art.

Mais ensuite on a pu se satisfaire, dans l'organisation du texte et du tableau, d'un désordre non contrôlé par l'esprit – et on a pu y trouver une excuse pour s'épargner la peine de composer. Enfin a triomphé le « divin hasard », qu'un coup de dés jamais n'abolira, selon l'expression de Mallarmé.

Songez, pour un équivalent du « cadavre exquis » surréaliste, au collage aléatoire en peinture, qui succède à la composition préméditée du tableau à l'époque classique.

La rencontre se fait dans un télescopage abrupt de réalités. Tout cela est préfiguré par le mot de Lautréamont :

> Beau comme la rencontre fortuite, sur une table à dissection, d'une machine à coudre et d'un parapluie.

Toute la modernité est là : des premiers collages et non composés aux résultats imprévus du tachisme et du *dripping* : voyez Jackson Pollock. On peut penser aussi à l'absence de préméditation du geste dans l'*Action painting* et dans l'expressionnisme abstrait, ou l'abstraction lyrique : voyez Hartung.

Roger Caillois, un des rares esprits totalement libres au XXe siècle, a dénoncé les excès de la création poétique moderne dans un livre *Les Impostures de la poésie*. On se plaint qu'elle ait peu d'échos dans le public. Mais elle en aurait davantage si elle était plus lisible.

Et Caillois est aussi l'un des très rares à avoir mis en question le ludisme « papillonnant », le formalisme non vraiment impliqué de Picasso, juste après sa mort, dans un article du *Monde* « Picasso le liquidateur » (voir Bibliographie).

*

De cette disparition du monde ordonné ou du *cosmos* de l'âge classique, de cette modernité désorbitée, « acosmique » selon le mot d'Hannah Arendt, on voit les fâcheux effets. Aucune rencontre n'est préparée aujourd'hui. Tout en matière de préférences et d'opinions est péremptoirement affirmé, rien n'est plus justifié : un seul tour sur Internet le montre assez. C'est un peu l'ambiance du marché aux puces, de la brocante. Ou aussi du journal télévisé, où aucune transition n'est faite entre les nouvelles : « sans transition » en est d'ailleurs le maître-mot. Si l'auteur (l'artiste) est halluciné, le récepteur, lui, est hébété.

La catastrophe psychique d'aujourd'hui se voit par exemple dans le changement de sens de la parataxe. À l'époque classique elle était une sommation à faire des liens. L'escamotage même des liens, appelé ellipse, était là pour faire penser. L'asyndète elle-même, malicieusement polysémique, faisait penser. Voyez le début des *Deux pigeons*, de La Fontaine :

> Deux pigeons s'aimaient d'amour tendre.
> L'un d'eux, s'ennuyant au logis, etc.

L'asyndète est pleine de sens, et très malicieuse : rien qui fasse plus penser que cela. Pourquoi précisément un des deux pigeons s'ennuyait-il ? Malgré l'« amour tendre », ou à cause de lui ? C'est la grande question...

Quand Montaigne écrit « Je ne peins pas l'être, je peins le passage », c'est une parataxe asyndétique (juxtaposition sans liaison). Mais toujours le lecteur reconstruit mentalement (ou devrait toujours reconstruire) : « Je ne peins pas l'être, *mais* je peins le passage » (parataxe avec coordination), ou : « *Si* je ne peins pas l'être, je peins le passage » (hypotaxe). L'esprit est ainsi fait qu'à l'absence de liens il oppose une reconstruction des liens. L'absence de liens est une sommation à penser.

Aujourd'hui, au contraire, la parataxe artistique juxtapose dans une équanimité absolue des éléments de signification dont chacun forme une petite totalité close. Il n'y a plus de discours d'ensemble auquel la parataxe même serait soumise. Réalité punctiforme et pulvérisée. Esthétique du *staccato*, comme on dit en musique (et non plus du *legato*). Style « hip hop », rap et rapt.

On peut opposer le grand cinéma classique, qui était elliptique (Fritz Lang), servant un vrai discours, au cinéma très répandu maintenant, dont bien souvent chaque séquence est auto-signifiante, et autosuffisante : la « bouillie visuelle » d'aujourd'hui, selon ce que dit Serge Daney, dans *Le Salaire du zappeur*.

3. *Destin des transgressions*

« Tout art est un système d'ellipses », disait Malraux. Mais on peut douter qu'il soit toujours ainsi. Aujourd'hui la parataxe n'est plus elliptique, et elle déconstruit l'esprit, en lui enlevant la capacité de faire des liens et de soumettre ce qu'il voit à autre chose, une réflexion d'ensemble qui lui donne sens. Faire des liens, relier des domaines a priori différents, est pourtant le propre de l'intelligence (*inter-legere*).

Voyez par exemple les liens et rapprochements, même « paratactiques », des œuvres dans *L'Esprit des Formes* d'Élie Faure, ou dans le *Musée imaginaire* de Malraux. Ce sont de magnifiques incitations à penser.

Comme Caillois, Jung, dans ses *Problèmes de l'âme moderne*, a critiqué Picasso. Il y a adjoint aussi une critique de Joyce, qu'on peut voir aussi comme un père de la modernité littéraire.

*

Un autre effet de la parataxe moderne est d'annuler les différences qualitatives et leur perception, d'empêcher les hiérarchisations. Apollinaire encore mêle le trivial et le kitsch avec le sublime, et de ce mélange naît l'« aura » particulière de la modernité (hybridité, polytonalité) :

Apporte le café, le beurre et les tartines...
– On dirait que le vent dit des phrases latines
(« Les Femmes », *Alcools*)

Ou encore, dans sa « Chanson du mal-aimé » :

C'est le printemps, viens-t'en Paquette
Te promener au bois joli
Les poules dans la cour caquètent,
L'aube au ciel fait de roses plis...

– ... Voie lactée, ô sœur lumineuse
Des blancs ruisseaux de Canaan

71

Et des corps blancs des amoureuses
Nageurs morts suivrons-nous d'ahan
Ton cours vers d'autres nébuleuses...

Ce contraste exprime l'hétérogénéité radicale d'une nouvelle vision du monde, la *Weltanschauung* de la modernité. Mais aujourd'hui le voisinage sans préparation n'a pas une telle ambition, il mélange toutes les formes et les annule. C'est une esthétique du « tout se vaut », de l'*anything goes*.

Je pense à un effet pervers à cet égard du zeugme (non pas syntaxique ou de construction, mais sémantique). Il est le principe de toute la création moderne depuis Rimbaud :

Départ dans l'affection et le bruit neufs.
(« Départ », dans *Illuminations*)

Au départ, le zeugme sémantique, qui consiste à atteler, à juxtaposer des éléments de signification hétérogène, déstabilise volontairement et salutairement la logique, en supprimant les valorisations différenciées. Il crée un désordre bienvenu dans un ordre trop convenu.

Mais à l'arrivée, il peut faire tout s'équivaloir. On rit de zeugmes où on voit des fautes, comme : « Le lapin est un animal rapide et nourrissant. » Mais le zeugme n'est-il pas le principe de beaucoup d'expositions aujourd'hui ? L'hétéroclite y triomphe, et on peut y voir une icône sacrée ou un tableau religieux voisiner avec un balai, ou un seau hygiénique...

*

Il serait facile aussi de montrer que de soumise à l'esprit et d'intention didactique qu'elle était aux époques classiques, toute la *caractérisation* en art (dans le texte et dans le tableau figuratif) est devenue ludique et gratuite. Il y a eu dans le monde du texte l'invention de la caractérisation *pittoresque* au XIXe siècle, totalement inconnue des classiques, pour lesquels une caractérisation n'avait de sens qu'en fonction d'un enseignement. Ainsi :

L'onde était transparente ainsi qu'aux plus beaux jours...

n'est absolument pas une caractérisation pittoresque. Ce vers ne sert qu'à faire comprendre la suite de la fable : il faut que l'onde soit transparente pour que le héron puisse voir les poissons dans l'eau.

Le ludisme et la décoration marquent de même, la fin de la peinture *cosa mentale*. On peut dire que l'œil gagne ce que l'esprit perd.

Mais au fond, souvenons-nous que cette absence du contenu substantiel et cette valorisation de la forme seule sont la définition même du kitsch. Un roman Harlequin et un chromo accroché au mur sont ici à la même enseigne. – On pourra se reporter ici à mon ouvrage *Le Kitsch – Une énigme esthétique*, BoD, 2020.

*

J'ai dit que l'Art moderne est l'*art des débuts*. On a vu qu'il ne cherche pas à développer un discours lié. Il se contente de stimuler la sensibilité immédiate. Lui est inconnue la vision d'ensemble, synoptique ou dialectique : le dialecticien est en effet celui qui voit la totalité (*synoptikos ho dialectikos*).

L'Art moderne prend acte en quelque sorte du déclin des grandes idéologies et systèmes qui ont fleuri au XIXe siècle, comme l'hégélianisme, ou le marxisme, tous cultes de l'Histoire succédant à celui de Dieu, et qui sont pour Malraux la *Monnaie de l'Absolu*. Il y avait là une vision globale du destin des hommes, procédant par grandes synthèses historiques, qui a été abandonnée ensuite. Une fois la Totalité brisée, ne restent pour l'art moderne que des fragments, des morceaux d'un puzzle. S'en occuper est son seul but, comme dit Valéry :

> Il faut intensément éveiller, rien qu'éveiller – pas enclore comme jadis dans un monde complet.
> (*Cahiers*, IV, 296)

Ou encore :

> L'art moderne tend à exploiter presque exclusivement la sensibilité *sensorielle*, aux dépens de la sensibilité générale ou affective, et de nos facultés de construction, d'addition des durées et de transformation par l'esprit.
> (*Degas, Danse, Dessin*, dans *Pièces sur l'Art*)

La distinction entre sensibilité « sensorielle » et sensibilité « générale ou affective » est très fine. En effet agir sur les sens seuls est aisé et immédiat, mais ne va pas loin. Ainsi il y a larmes et larmes. Ce n'est pas la même chose de pleurer en épluchant un oignon, et en écoutant du Mozart.

Le kitsch aussi, d'ailleurs, prend les marques de l'émotion pour l'émotion elle-même. Pensons à l'« Art vocal bourgeois », analysé par Roland Barthes dans ses *Mythologies*, où les intentions sont lourdement surindiquées, tandis que la vraie qualité musicale est du côté d'une certaine distance, d'une certaine algèbre.

Cependant il me semble que même la vraie musique moderne peut décevoir. Par exemple, homologue d'intention à l'impressionnisme est la musique de Debussy, ou de Ravel. Elle part elle aussi d'une « impression », qui par définition est fragmentaire dans la coulée du psychisme. Elle s'entoure certes d'une grande virtuosité dans l'orchestration, mais à l'écouter elle demeure, au moins c'est l'impression que j'en retire, passablement éparpillée. C'est comme si tout développement attendu était retiré aussitôt que la possibilité s'en montrait. C'est une musique qui désappointe celui qui s'attend à être bercé par une mélodie suivie, un discours musical clos et rassurant. En somme, de la mélodie, qui est un aliment pour la mémoire et un recours de l'esprit, qui permet de se retrouver, de se repérer, de braver le chaos dissonant du monde, on ne nous présente ici que des *débuts*.

Le rythme aussi, immédiat, viscéral, l'emporte aujourd'hui sur la mélodie, comme le somatique sur l'intellect. La barbarie du *Sacre du Printemps* de Stravinsky est peut-être homologue à celle de la peinture abstraite de Kandinsky. En tout cas elle trahit une évidente déshumanisation, ou une fin de l'humanisme traditionnel.

... Bien sûr, on peut dire que cet art en morceaux correspond à une faillite civilisationnelle. À cet égard, le séisme de la Grande guerre a été d'une extrême conséquence. C'est en pensant à elle que Valéry a écrit :

> Nous autres civilisations, nous savons maintenant que nous sommes mortelles.

Aussi ne pouvait-on s'attendre sans doute à ce que l'art moderne abandonne les seuls morceaux éparpillés pour faire écho à un « monde complet ». *La Valse* de Ravel, syncopée et effrayante, n'a rien à voir avec celles de Strauss. Y passe le souvenir encore proche des tranchées et des poilus qui y sont morts. Et sans doute cette impression d'étrangeté du monde ne peut-elle disparaître rapidement.

*

Il faut certes du temps pour que la figure (dont l'humaine) réapparaisse dans l'art. Néanmoins je pense qu'il faut voir l'abstraction totale en peinture, par exemple, non pas comme un triomphe, mais comme un problème.

3. *Destin des transgressions*

C'est un art qui s'enfuit, loin des hommes et de leur vie, loin de la terre elle-même, loin des responsabilités à prendre peut-être, pour se réfugier exclusivement dans le monde des formes et des couleurs.

Percevoir le sens humain des couleurs suppose une médiation intellectuelle. Si dans la peinture impressionniste aucune différence n'est faite entre un coquelicot et une tache de sang, c'est qu'aux yeux du « réalisme sensible » c'est en effet le même rouge.

Pour Balzac au contraire, dont les descriptions relèvent d'un « réalisme intellectuel », la signification est toujours présente. Pour lui un mot comme « rouille » par exemple pourrait signifier l'usure du temps, saisie par réflexion, et faire l'objet d'une analyse : pour lui, la réalité ne se réduit jamais à son apparence, elle est le résultat d'un processus, et nous fait y penser.

Mais ensuite, et déjà chez Zola, « rouille » ne sera plus qu'une couleur picturale pure, saisie sans médiation de l'esprit : la vision relève alors d'un pur phénoménisme. Le réalisme de Zola ne parachève pas comme on le croit celui de Balzac : il lui tourne le dos, comme le « réalisme sensible » s'oppose au « réalisme intellectuel ».[1]

À quoi peut aboutir cet oubli ou cette mise entre parenthèses de la signification des choses ? Pierrette Fleutiaux, sans son roman *Histoire du tableau*, montre un personnage fasciné par un tableau abstrait aperçu à la devanture d'une galerie. C'est un vrai envoûtement, un ensorcellement qui le mène potentiellement à la folie. Mais un jour, montant dans l'ascenseur d'un gratte-ciel, le héros voit une pancarte apposée au dessus d'une rambarde : « Attention au vide ! ». Il comprend alors qu'il y a

---

[1] C'est ce que j'ai expliqué dans ma thèse de doctorat de IIIe cycle, *Le Sentiment du tragique dans le roman naturaliste français*, B.U. – Université de Montpellier, 1982.

là pour lui un avertissement symbolique, quant à sa santé mentale d'abord, ensuite dans sa façon générale de se comporter dans la vie, où il y a éviction de l'humain.

De même, l'élan poétique nous pousse bien sûr à nous élever, nous évader loin de notre monde si imparfait, vers les formes pures qui s'en détachent (abs-traites). C'est ce que dit Baudelaire dans « Élévation » :

> Au-dessus des étangs, au-dessus des vallées,
> Des montagnes, des bois, des nuages, des mers,
> Par delà le soleil, par delà les éthers,
> Par delà les confins des sphères étoilées,
>
> Mon esprit, tu te meus avec agilité
> Et, comme un bon nageur qui se pâme dans l'onde,
> Tu sillonnes gaiement l'immensité profonde
> Avec une indicible et mâle volupté...

Mais dans le vide, on tombe. On a besoin se s'appuyer sur quelque chose (l'air) pour voler. Aussi le poète, à la fin, dit heureux celui qui revient à la terre, dont il tire sa force :

> Celui dont les pensées, comme des alouettes,
> Vers les cieux le matin prennent un libre essor,
> – Qui plane sur la vie, et comprend sans effort
> Le langage des fleurs et des choses muettes !

L'aspiration à ce « N'importe où, loin du monde » (*Anywhere out of the world !*) n'aurait-elle qu'un temps ? L'envol est-il toujours dépourvu de périls ? Souvenons-nous d'Icare, dont les ailes fondirent quand il s'approcha du soleil, et qui tomba dans la mer où il se noya. Il est compréhensible de vouloir s'éloigner du monde, mais pourquoi ne pas y revenir ?

S'en éloigner ne peut être qu'un moment. Voyez l'itinéraire d'Hélion, qui a abandonné l'abstraction pour revenir à la figuration, pour passer du signifiant de la peinture (formes et couleurs) au signifié de la vie.

Dans la mythologie, Antée retrouvait ses forces toutes les fois où il touchait la terre, sa mère. Au point qu'Héraclès, pour en triompher en l'étouffant, dut le soulever et le maintenir en l'air. Le symbole est parlant. Et j'ai rappelé le mot terminant l'aventure de Rimbaud :

Je suis rendu au sol, avec un devoir à chercher, et la réalité rugueuse à étreindre ! Paysan !

Seul un contact, même fugitif, avec la terre et ses rappels permet de se reconnaître, et de s'y reconnaître.

Tous les jeux formels balanceront-ils pour celui qui dessine la jubilation qu'il y a à sentir une forme reconnaissable jaillir de sa page, comme on peut le constater quand on regarde dessiner un enfant, qui se sent démiurge pour la première fois ? Et quelle émotion quand on constate en dessinant qu'on peut par tel ou tel trait minime insuffler vie, expression, à un visage ! Comme Pygmalion a donné la vie à Galatée...

Reconnaissance veut dire à la fois identification, et remerciement. Un grand peintre, qu'on croit mineur, a bien su incarner « le langage des fleurs et des choses muettes », même s'il les a toujours pliées à sa fantaisie : Arcimboldo, dont la présence ici, en regard de l'abstraction, est symbolique. Voyez dans *L'Usage de la parole* de Sarraute le beau texte de remerciement qui lui est consacré au dernier chapitre, pour la raison de son amour de la terre, habitant l'*Ici* :

Arcimboldo ! C'est lui... Un bolide, tombé ici tout d'un coup, Dieu sait comment, Dieu sait d'où... Arcimboldo tout entier. Arcimboldo au grand complet. L'arci... énorme, démesuré... et le bold audacieux et le « o » insolent, arrogant qui le redresse encore plus haut, le cambre, le cabre... Arcimboldo. Tout ici est à lui. Ici est l'espace dont il a besoin pour prendre ses aises... répandre aussi loin qu'il le voudra ses ondes... Déployer sa désinvolture. Son outrecuidance. Qu'il fasse venir ici cela et encore cela; tout ce qui lui chante, ces fleurs, ces légumes, ces fruits, ces objets incongrus, ces bêtes étranges, qu'il en dispose comme bon lui semble... Arcimboldo, l'assurance même. L'affirmation. Le défi. Arcimboldo. Tout ici n'est que lui. Arcimboldo.

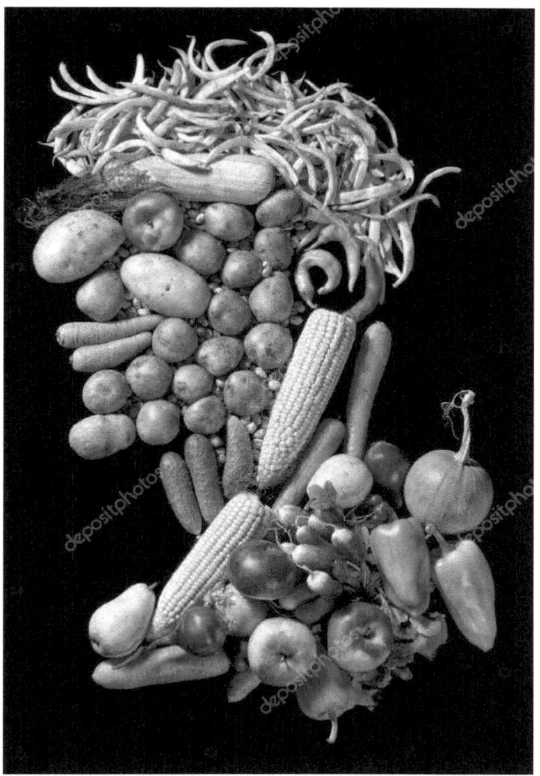

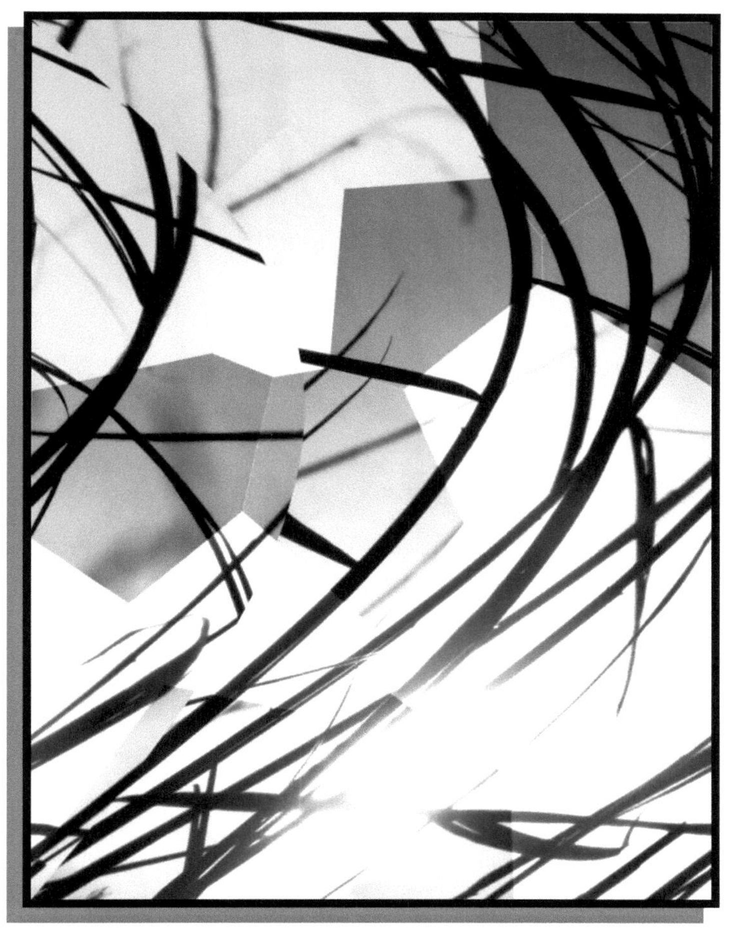

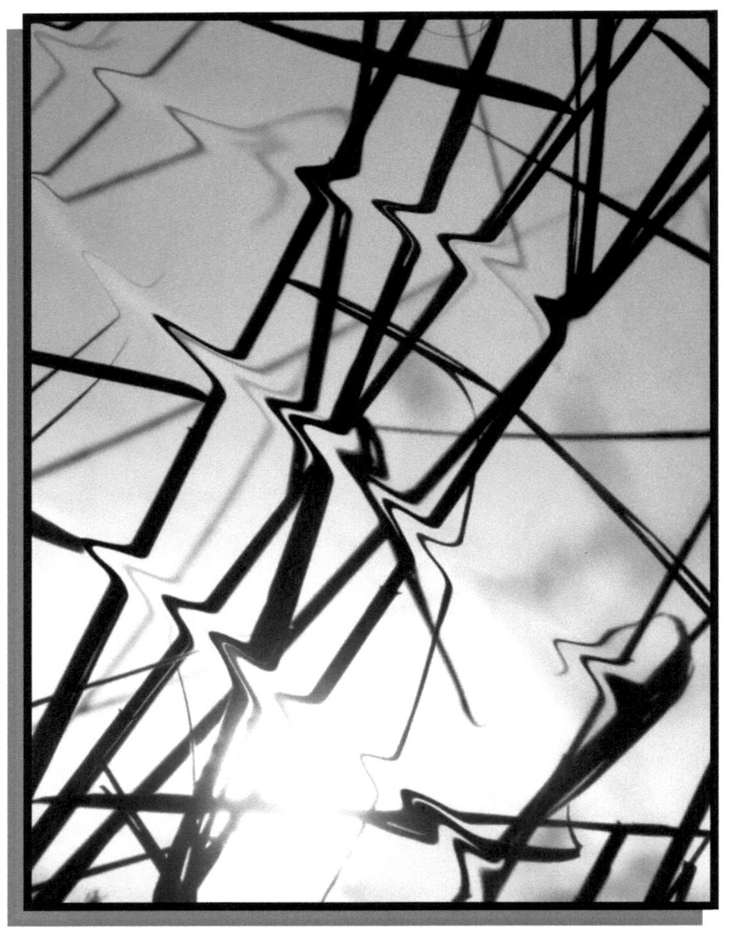

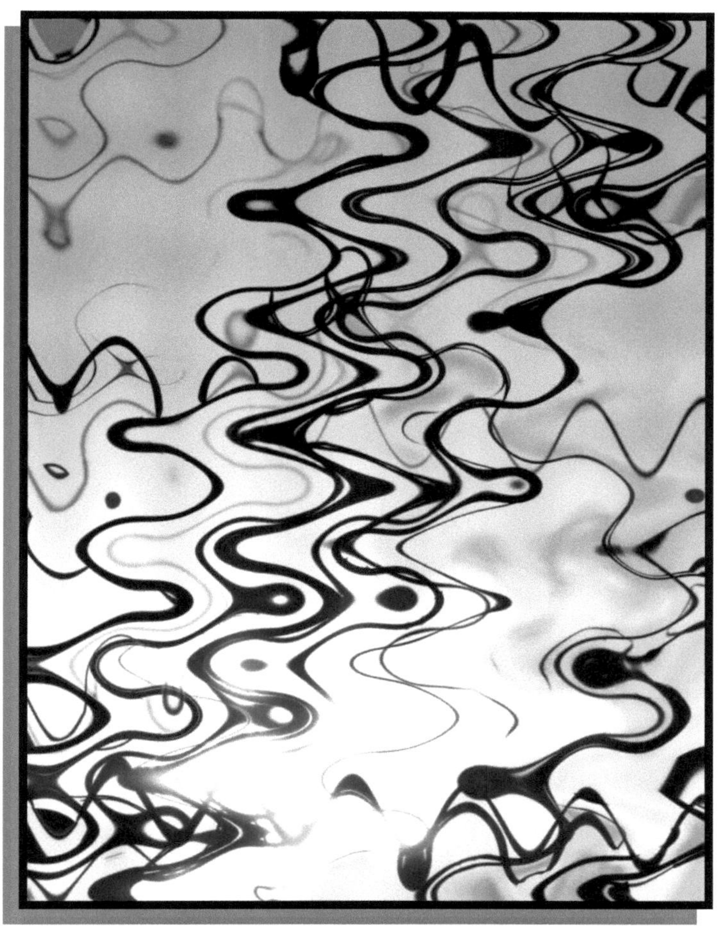

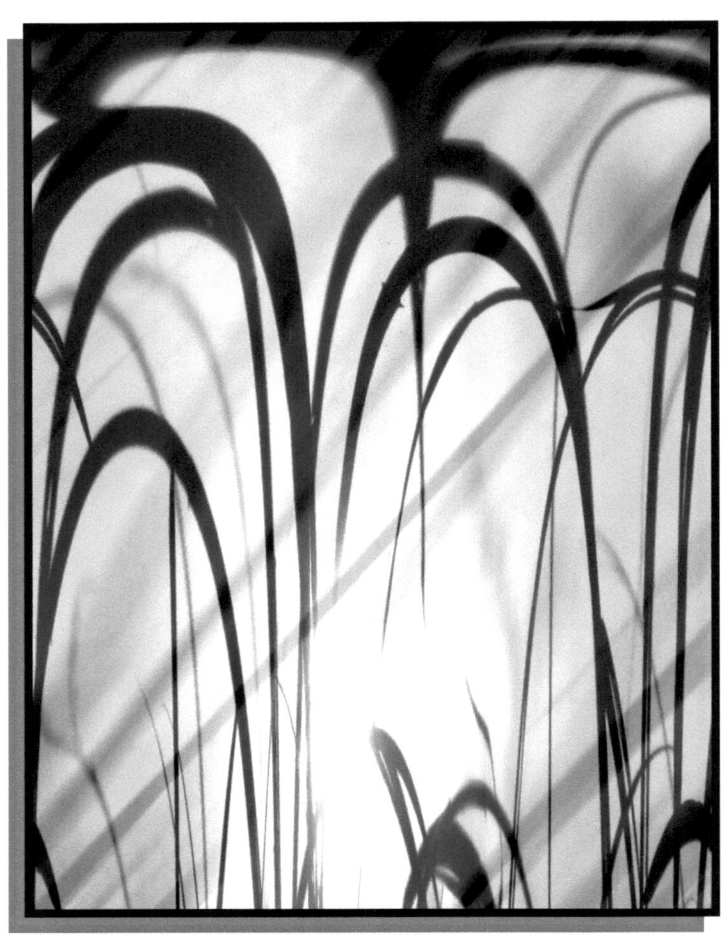

4. La Perte du sens

On assiste donc aujourd'hui à la déconstruction d'un héritage. Le danger n'est pas la déception qu'il y a à le voir déconstruit, car l'esprit, s'il perd la naïveté, gagne la lucidité et l'intelligence propres aux époques mûries. Un aboutissement possible de la déconstruction est la perte de l'idée d'un sens extrinsèque aux choses mêmes qu'on voit – perte donc du besoin de sens, de la mémoire aussi, tous besoins constitutifs pourtant de l'esprit.

Quand aujourd'hui un tableau ne se donne que pour ce qu'il est, c'est un truisme, ou une tautologie. Ce que vous voyez est ce que vous voyez, et rien d'autre. *What you see is what you see*. L'art ainsi déconstruit en ses propres matériaux est dans une position problématique. Il n'a plus rien à *dire*.

Dans le langage verbal, cependant, on pourrait encore douter qu'il existe de vraies tautologies. Il n'y a peut-être que des pseudo-tautologies. Si je répète un mot, l'esprit aussitôt est porté à chercher un nouveau sens à ce mot ainsi répété : « Un homme est un homme », « Une femme est une femme », « La France est la France », « Rome n'est plus dans Rome », etc. J'oppose chaque fois une circonstance à une essence, une définition, un archétype, et c'est cette recherche de sens chaque fois qui rend le jeu verbal passionnant.

Per exemple le « Je suis qui je suis » par quoi Dieu se définit dans la Bible juive n'est-il pas plus qu'une fin de non-recevoir adressée à la curiosité de Moïse sous forme de tautologie, quelque chose d'autre qu'un : « Je suis. Point final » ? L'esprit peut en effet chercher un sens différent aux deux occurrences de « Je suis ». Il ne s'est d'ailleurs pas privé de le faire au fil des siècles, depuis que cette parole a été rapportée.

Ce changement de sens d'un même mot, on l'appelle parfois aujourd'hui « diaphore », mais je préfère à ce mot pédant le beau mot classique d'« antanaclase ». Étymologiquement, ce mot signifie en grec reflet, ou réflexion (de la lumière), écho, ou réfraction (du son). L'équivalent formé à partir du latin en serait « réverbération ». Cet « écho » ressemble pour moi à celui « de notre grandeur interne », selon le mot de Valéry dans « Le Cimetière marin ». Jusqu'à présent, l'esprit n'a jamais admis qu'une chose ne dise rien d'autre qu'elle-même.

Malheureusement, le sentiment de cet écho, ou ces différents échos ou reflets que prennent les choses, n'est pas éternel. À quoi fait penser (d'autre que lui) l'urinoir de Marcel Duchamp, même appelé *Fontaine* ? La crise d'aujourd'hui me semble être celle du symbole ou de la symbolisation. Est-il rien de si pathologique qu'un regard littéral ? La folie n'est-elle pas l'asymbolie ? Voyez à cet égard les réactions littérales des enfants atteints d'autisme.

*

Le problème est celui du passage possible, dans la modernité, de la *déconstruction* de l'héritage où se complaît toujours l'intelligence, à sa *destruction*. Et ce, aussi bien dans le langage des mots que dans celui des arts plastiques.

Pour le premier, on sait qu'il peut se prendre lui-même pour objet, et ainsi en quelque sorte se déconstruire. C'est une de ses fonctions, appelée depuis Jakobson fonction *métalinguistique*. Elle est homologue à la *métacognition* de la pensée réflexive, qui se produit quand la pensée réfléchit sur elle-même, se demande si elle a bien raison de nourrir telle ou telle opinion : autre exemple de déconstruction.

Si le langage en vient à faire enquête sur soi, sur ses possibilités et aussi ses limites, c'est la fin de son innocence naturelle, de son usage spontanément référentiel ou « mimétique ». Alors peut se manifester un soupçon sur toutes ses productions. Dans le monde du récit, c'est précisément ce que Nathalie Sarraute a appelé, dans un livre qui porte ce titre, *L'ère du soupçon*. Aujourd'hui par exemple narration et roman sont en crise. On y passe, selon le mot de Ricardou, « du récit d'une aventure à l'aventure d'un récit ».

Certes ce moment de fin d'innocence a des référents antérieurs. Il suffit de voir, par exemple, le début de *Jacques le fataliste* de Diderot, très « moderne » à cet égard (même s'il est inspiré de Sterne) :

> Comment s'étaient-ils rencontrés ? Par hasard, comme tout le monde. Comment s'appelaient-ils ? Que vous importe ? D'où venaient-ils ? Du lieu le plus prochain. Où allaient-ils ? Est-ce que l'on sait où l'on va ? Que disaient-ils ? Le maître ne disait rien; et Jacques disait que son capitaine disait que tout ce qui nous arrive de bien et de mal ici-bas était écrit là-haut...

Le sujet n'est pas ici tel ou tel récit, mais bien la mise en question de tout récit, du pacte narratif lui-même – et peut-être de façon générale de toute littérature, si la fonction de cette dernière est de *faire croire à...*

À cela renvoie ce qu'on appelle la « mise en abyme » du sujet. L'écrivain est présent dans son texte, en informe le lecteur, exactement comme en peinture le peintre peut se représenter en train de peindre son tableau : voyez à cet égard *Les Ménines* de Vélasquez, qui sert de fil rouge au livre de Michel Foucault *Les Mots et les Choses*, consacré à la création du savoir par l'esprit humain.

4. La Perte du sens

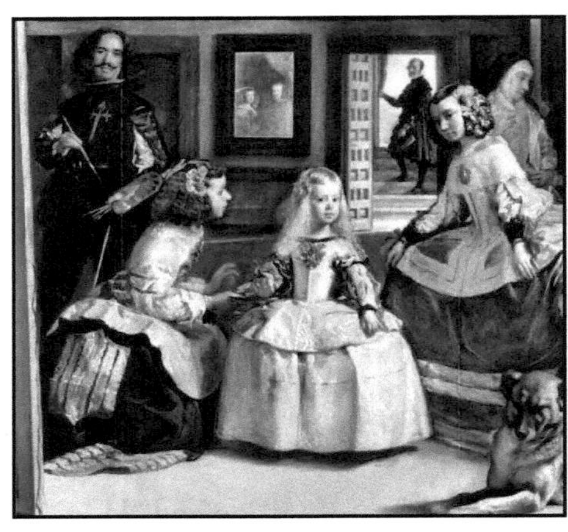

La mise en abyme, qu'elle soit verbale ou picturale, est un bel exemple de déconstruction. Un exemple fréquent, au théâtre, en est le théâtre dans le théâtre. Chez Anouilh, par exemple, l'illusion théâtrale est souvent rompue quand les acteurs se révèlent et parlent en tant qu'eux-mêmes (ce ne sont que des acteurs), au lieu de s'effacer derrière leur rôle. Voyez aussi les films de Resnais, par exemple *Vous n'avez encore rien vu*, à partir d'*Eurydice*, pièce d'Anouilh. Mais cette mise à distance dès l'époque baroque, avec *L'Illusion comique* de Corneille. Et curieusement l'effet de *distanciation*, cher à Brecht, semble en être un écho.

Dupriez, dans *Gradus*, appelle « dénudation » des procédés le fait de montrer dans le langage l'artifice même du discours. L'œuvre désormais peut être en gestation : *Work in progress...* L'écrivain « vend la mèche » ; il montre ses brouillons, comme le peintre ses esquisses. Voyez Ponge et ses *Carnets d'un bois de pins*. Ces « carnets » qui concernent aussi le peintre, qui l'accompagnent quotidiennement, peuvent aussi constituer son œuvre. Dorénavant, on voit de quoi l'œuvre est faite, de quelles hésitations elle a émergé.

4. La Perte du sens

Ainsi le peintre et plasticien Jean-Claude Meynard a exposé en novembre-décembre 2018 en France et aux États-Unis *Les Chants Fractals*, une série d'œuvres dont on peut suivre le *work in progress* en scannant un QR code intégré au sein même des œuvres. Merveilles de la technique...

*

Ces déconstructions peuvent être en un sens suprêmement intelligentes, mais aussi dans un autre décevantes. Le contrat traditionnel de confiance et de statut respectif immuable entre l'auteur et le récepteur est brisé. Valéry disait que jamais il n'écrirait : « La Marquise sortit à cinq heures. » On voit bien pourquoi. Pourquoi une marquise, et non une duchesse, ou une comtesse ? Pourquoi cinq heures, et non quatre ou six ? Tout cela est totalement gratuit.

Mais c'est un peu dommage, car alors la magie naturelle du « Il était une fois », du crédit qu'on lui accorde d'habitude, disparaît. C'est, en un sens, le carrosse se transformant en citrouille. On peut faire bien des choses dans la création d'une œuvre, mais il est dangereux d'y couper le courant. Qui ira réparer les plombs ?

En peinture la déconstruction ne se limite pas à la mise en abyme du sujet. Elle peut consister en sa relativisation, l'effacement de son importance, pour mettre au premier plan le geste souverain du peintre, les éléments proprement picturaux dont il se sert : la touche par exemple, qui est son vocabulaire, peut devenir très présente. C'est le cas de Manet.

Pour Malraux, un tableau de Manet est le sujet, moins ce que ce sujet signifie. C'est un fait que Manet ignore le contour flou, l'estompage coloré variante de sfumato, par quoi Delacroix encore poétisait ses figures. Les siennes ne « tournent » pas sur la toile, sur laquelle elles semblent plaquées. *Le Fifre*, par exemple, est peint comme une carte à jouer. Pas de volume, pas de dégradé.

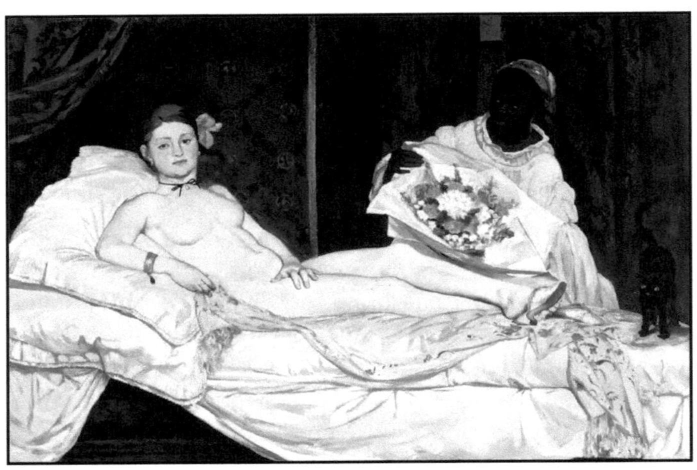

Voyez encore *Olympia*, cernée par un trait bien net, et qui est totalement « plate » dans sa présentation – à quoi on pourrait opposer la Vénus bien « en formes » ou « sexy » de Titien par exemple. Sexy, Olympia ne l'est pas du tout. Restent chez Manet les traits picturaux, non plus dissimulés comme à l'habitude, mais bien accusés, comme grandes esquisses schématisantes et évasives, qui semblent annoncer l'*Action painting* moderne.

Aussi dit-on parfois aujourd'hui que le tableau n'est qu'une toile (le matériau lui-même), sur laquelle figurent simplement formes et couleurs. On connaît la célèbre définition de Maurice Denis :

Un tableau, avant d'être un cheval de bataille, une femme nue ou une quelconque anecdote, est essentiellement une surface plane couverte de couleurs, en un certain ordre assemblées.

J'ai déjà souligné que cette définition s'applique aussi bien au décorateur qu'au peintre. Il n'y est question que de l'œil, et le monde mental y est spécifiquement absent. L'ont critiquée aussi bien Claudel, explicitement :

> Un tableau n'est-il, comme on le répète souvent, qu'une surface où se donnent rendez-vous des couleurs dans un certain ordre assemblées ? C'est confondre les moyens et la fin. Je fais à l'art du peintre l'honneur de croire qu'il a une autre fin que produire un bouquet de tons agréable au regard. Comme tous les autres arts, il existe pour être à l'âme un moyen d'expression...
> (*La Peinture hollandaise*, Gallimard, « Idées-Arts », 1967, p.137)

que Valéry, implicitement :

> L'abandon de l'anatomie et de la perspective fut simplement l'abandon de l'action de l'esprit dans la peinture au profit du seul divertissement instantané de l'œil...
> (reproduit dans : *L'Art de la peinture*, anthologie, Seghers, p.599)

*

Bien sûr pour les partisans de la peinture autonome et pure ces critiques défendant la signification de l'œuvre sembleront « littéraires » et idéalistes. Mais c'est un fait qu'on assiste aujourd'hui à l'abandon de l'idée d'un sens extrinsèque à l'œuvre. Ce phénomène est à la fois une reddition de la mémoire, et une crise de la symbolisation. Le regard se fait strictement tautologique. Ainsi Soulages, peintre abstrait, dit :

> La peinture n'est pas un moyen de communication. Elle ne transmet pas un sens, elle fait sens elle-même.
> (Interview de Pierre Soulages, par Philippe Dagen, *Le Monde*, 8 septembre 1991, p.9)

Mais un signe strictement autonome, est-ce autre chose qu'un signe muet ? Il faut bien distinguer un langage *didactique*, contre lequel l'artiste moderne principalement lutte toujours, d'un langage tout court, qui *signifie*. Lorsque par exemple Claude Simon affirme n'avoir rien à dire, « au sens sartrien de l'expression », il faut simplement comprendre qu'il ne veut rien *enseigner* – et non pas qu'il ne veut rien *signifier*.

Je pense enfin à l'attention portée à la *matérialité* même de l'œuvre plastique dans les œuvres du groupe « Supports/Surfaces ». Voici comment les fondateurs de ce groupe dans un catalogue présentant leurs « œuvres », en juin 1969, lors d'une exposition au musée du Havre intitulée « La peinture en question » :

> L'objet de la peinture, c'est la peinture elle-même et les tableaux exposés ne se rapportent qu'à eux-mêmes. Ils ne font point appel à un « ailleurs » (la personnalité de l'artiste, sa biographie, l'histoire de l'art, par exemple). Ils n'offrent point d'échappatoire, car la surface, par les ruptures de formes et de couleurs qui y sont opérées, interdit les projections mentales ou les divagations oniriques du spectateur. La peinture est un fait en soi et c'est sur son terrain que l'on doit poser les problèmes. Il ne s'agit ni d'un retour aux sources, ni de la recherche d'une pureté originelle, mais de la simple mise à nu des éléments picturaux qui constituent le fait pictural. D'où la neutralité des œuvres présentées, leur absence de lyrisme et de profondeur expressive.

Dans ce cas, l'œuvre s'efface derrière l'aveu ou l'étalage des conditions de sa réalisation, et le sujet s'en éloigne à l'infini... La Forme (quelle qu'elle soit en définitive) triomphe de lui.

*

On peut donc se demander pourquoi ces soi-disant œuvres sont exposées dans un musée, qui les présente et les garantit en tant qu'œuvres.

92

4. La Perte du sens

Et c'est ici qu'intervient une intelligence à la fois déconstructrice et destructrice (le lien de l'une à l'autre est comme je l'ai dit toujours possible). Je veux parler ici de l'intuition de Marcel Duchamp.

Le premier il a compris que le sens de l'œuvre est dans l'esprit de celui qui la reçoit : le tableau est fait par celui qui le regarde.

Jusque là on peut être passablement d'accord avec lui. Valéry lui-même ne disait-il pas : « Il n'y a pas de vrai sens d'un texte » ? Et en général, pour l'œuvre d'art, dans une inscription au fronton du Palais de Chaillot à Paris :

Il dépend de celui qui passe
Que je sois tombe ou trésor
Que je parle ou que je me taise
Ceci ne tient qu'à toi
Ami n'entre pas sans désir.

Que le désir du récepteur, la satisfaction de son « horizon d'attente » comme on dit parfois aujourd'hui, soit constitutif du sens de l'œuvre, qui le nierait ? Mais de quel désir parle-t-on ? Et est-ce une raison pour dire que n'importe quoi veut faire une œuvre, en étant objet de projection valorisante de la part de celui qui regarde ? Comme un égouttoir à bouteilles, une roue de bicyclette, un urinoir, bref tous les *ready-made* imaginables ?

En fait, il faut ici analyser la question plus radicalement, et sans doute plus cyniquement. Kafka l'a bien mise en évidence dans une réflexion impertinente et pertinente à la fois :

Casser des noix n'est pas vraiment un art, aussi personne n'osera-t-il convoquer un public pour le distraire en cassant des noix. S'il le fait cependant et que son intention se voie couronnée de succès, c'est qu'il s'agit au fond d'autre chose que d'un simple cassement de noix, c'est que nous n'avions jamais pensé à cet art parce que nous le possédions à fond et que le nouveau casseur de noix nous en a

révélé la véritable essence, auquel cas il peut être même nécessaire qu'il soit un peu moins adroit que nous...
(*Dernières nouvelles*, « Histoires d'Artistes » (cité par
Marthe Robert, *Livre de lectures*, « Le Livre de Poche »,
pp.34-35)

Finalement il y a là possibilité d'une énorme escroquerie, jouant sur la *fiducia* ou la confiance naturelle que
le public accorde au cadre dans lequel l'œuvre ou la manifestation est présentée. Ce « cadre » est l'Institution
muséale, et aussi très souvent l'introduction verbale ac-
cordée à l'événement par tel ou tel critique ou « spécialiste ».

Ce phénomène de « projection » opérée par le public
est essentiel. Nous présumons aujourd'hui que ce que
nous voyons a de la valeur tout simplement parce que son
environnement est magnifiant et cautionnant, et sa présentation par telle ou telle autorité, impressionnante.

*

Cette présomption de sens et de valeur est évidemment elle-même à déconstruire, comme toute projection.
Par exemple dans nos vies les projections admiratives
que nous faisons sur ceux que nous pensons être nos
« supérieurs » nous font oublier que nous les voyons plus
grands qu'ils ne sont, du fait du sentiment supposé de
notre petitesse. Comme dit La Boétie des tyrans, dans son
livre sur la *Servitude volontaire* : « Ils ne sont grands que
parce que nous sommes à genoux. »
Ce n'est pas pour rien que tel ou tel artiste, avant
même de faire son œuvre, s'occupe de savoir s'il pourra
la présenter dans un *lieu* valorisant et cautionnant (un
musée de préférence), et/ou sollicite le *discours* d'un
écrivain ou d'un critique de renom pour la présenter au
public. Or on peut douter qu'une œuvre qui a besoin
d'être ainsi présentée, qui nécessite donc le secours de

mots pour se valoriser, soit vraiment solide. Pourquoi ne peut-elle pas se défendre elle-même ? – Mais de toute façon aujourd'hui, ce n'est pas important : on sait bien que le faire-savoir l'emporte sur le savoir-faire.

On a vu condamné en justice, pour crime de lèse-œuvre artistique, un visiteur qui avait uriné à Nîmes dans l'*Urinoir* de Marcel Duchamp. Il n'avait fait pourtant que le rendre à sa fonction première. Au fond, dans beaucoup d'expositions modernes accablantes de présomption de la part de l'artiste infatué de lui-même (présomption correspondant à celle, naïve, du public), il suffirait qu'une seule personne se mette à rire, pour qu'aussitôt par contagion tous les autres spectateurs fassent de même. Les projections cautionnantes et approbatrices tomberaient alors. Il suffit de faire l'expérience. Tentez-la !

Mais les gens ont tellement peur de passer pour des béotiens incultes, ou comme ces juges qui ont condamné *Madame Bovary* ou *Les Fleurs du mal*, qu'ils « gobent » tout... Ce qui ne veut pas dire qu'ils ne sortent pas du lieu de l'exposition sans ressentir au fond d'eux-mêmes un mépris silencieux.

*

Comme beaucoup de choses vues comme importantes, l'art moderne repose sur la confiance qu'on lui fait. Ceux qui la lui accordent, ce sont les décisionnaires (les responsables de l'institution muséale, les préposés municipaux à la culture, et aussi au-dessus d'eux les politiques), et à côté d'eux les critiques, puis se moulant sur eux, éventuellement le public. Comme celle de présomption psychologique, à quoi elle est liée, la notion de confiance (*fiducia*) est ici essentielle. En généralisant, on peut d'ailleurs dire que c'est elle qui sous-tend et soutient tous les édifices culturels et permet leur fonctionnement. Si elle disparaît, on assiste à leur écroulement. J'ai analysé cela dans mon ouvrage *La Culture générale expliquée – Les Clés pour comprendre*, BoD, 2018 – 3 premiers chapitres.

Comprendre comment fonctionne l'art aujourd'hui peut se faire à partir de la notion de *fiduciaire*. On sait que pour acquérir un objet quelconque on peut donner simplement un bout de papier ou un chèque. L'échange qui se fait alors est d'une terrible inégalité, et pour fonctionner repose simplement sur la confiance qu'on fait à la monnaie. Si le pouvoir symbolique de cette dernière n'existe plus, par exemple si elle est dévaluée, l'échange ne peut se faire. On ne vit vraiment que par la confiance, on ne vit qu'*à crédit*.

Eh bien, l'art moderne de la même façon vit à crédit. On y échange le rien très souvent contre de l'admiration, et derrière elle de toute façon, de l'argent, beaucoup d'argent.

L'Art moderne est parfaitement homologue de ce point de vue à la Consommation, qui n'est qu'un mythe créé et manipulé par les publicitaires, auquel le public fait crédit.

On y croit parce qu'on nous y fait croire. Il ne s'agit pas de consommer des biens effectifs, mais simplement l'idée ou la représentation attachée à ces derniers et inculquée dans les esprits, selon lesquelles on est heureux si on consomme, et on a bien raison de le faire, puisque ce faisant on fait comme tout le monde : la supposition du nombre est toujours une garantie. La Consommation est une pratique idéaliste totale, au sens où on n'a pas accès vraiment aux choses elles-mêmes, mais simplement au discours qu'on a construit sur elles, auquel on adhère, et qui détermine les comportements. Ce ne sont pas elles qu'on désire, mais leur image magnifiée par le discours publicitaire, péan de ce nouveau dogme. En fait, c'est comme le Serpent *ourobouros*, qui se mord la queue : on consomme simplement la Consommation. C'est la définition même du mythe : parole à quoi on fait crédit. Comme disait Valéry :

Mythe est ce qui n'existe qu'ayant la parole pour cause.

Exactement comme la Consommation, l'Art d'aujourd'hui est un mythe. Et ce n'est pas pour rien que je viens de parler à son occasion du monde de l'économie. Il en est entièrement imprégné. On parle beaucoup du marché de l'art. Je pense qu'il faut aller plus loin, et définir l'art moderne comme un marché. On a là le visage définitif que prend le champ du *fiduciaire*.

*

Le fonctionnement est aisé à comprendre. À quoi s'accorde la confiance ? Ce n'est pas à la qualité intrinsèque de l'œuvre elle-même, qui est aujourd'hui beaucoup moins valorisée que le simple nom de son auteur. Si un tableau porte la signature du peintre, et si ce dernier est connu et admiré, il est évalué non pas pour sa qualité propre, mais pour la seule notoriété de son auteur.

Certes ce phénomène a peu ou prou toujours existé. Mais la notoriété était souvent posthume (cas de Van Gogh, de Modigliani...). Aujourd'hui elle s'organise du vivant de l'artiste même, qui s'entoure de professionnels du marketing et de la communication, quand il n'assure pas ces tâches lui-même ou ne les confie pas à son atelier. Beaucoup d'« artistes » d'aujourd'hui sont des entrepreneurs, et parfois des industriels.

L'artiste du *Street Art* Banksy a fait une expérience bien parlante. Il a proposé à la vente dans la rue, pour un prix dérisoire, quelques unes de ses toiles non signées : elles ne se sont pas vendues. À côté de cela, ses toiles avec sa signature atteignent des prix stratosphériques, et on se presse pour les acheter.

Comme si ce qui est donné n'avait pas de valeur ! Je pense à Lacan, qui disait que la cure psychanalytique n'a de valeur que si on la paie – en argent liquide de préférence ! Il faudrait donc consentir un sacrifice pour s'en trouver mieux. Abîmes de la psyché humaine... – mais dont certains savent bien profiter.

Comment mieux faire voir que la valeur d'une œuvre (je ne dis pas le sens, qui est aujourd'hui bien précaire) est totalement artificielle, conventionnelle ? Tout s'indexe sur la spéculation. On n'achète pas un tableau parce qu'on l'apprécie ou qu'on l'aime, mais pour faire une bonne affaire, en pensant que la « cote » de l'artiste va encore monter. C'est bien cette dernière qui fait le sens. Le spéculateur en Bourse fait la même chose.

La cote de l'artiste, résumée dans sa signature, est exactement équivalente à la *marque* des produits offerts à la consommation. On n'achète pas ces produits pour eux-mêmes, mais pour la marque qu'ils portent. C'est une façon aussi, dans le cas de l'habillement, de l'automobile, etc. de « frimer » par rapport aux autres. Les valeurs d'usage, seules authentiques pourtant, sont remplacées par les valeurs d'échange et les valeurs de représentation. La déréalisation est complète.

Encore aujourd'hui, il suffit d'apposer « Best seller » sur la couverture d'un livre pour en multiplier les ventes. Peu importe le contenu, si le bandeau introductif est cru ! Même chose pour « Vu à la télé », etc.

En 2018, lors d'une vente aux enchères chez Sotheby's à Londres, une toile du même Banksy, *La Fille au ballon rouge*, qui venait d'être adjugée au prix record d'1,2 million d'euros, a été déchiquetée en lamelles par une broyeuse dissimulée dans son cadre, télécommandée par l'artiste lui-même. Stupéfait, le public a mitraillé le dispositif, pour immortaliser le moment avant la destruction complète. Pour Nicolas Laugero Lasserre, spécialiste du street-art, Banksy *« va devenir par ce coup de génie l'artiste le plus coté au monde »*

Banksy a fait cette destruction pour montrer que le monde entier de l'art n'était qu'un marché, une bulle spéculative déconnectée de toute réalité. La preuve en fut d'ailleurs que ce geste iconoclaste a fait encore monter sa cote. Et comme la scène fut filmée, je gage que le film en a été vendu très cher.

Cette récupération par le marché est un paradoxe, mais le fait est souvent attesté. Combien de « lanceurs d'alerte » ont été ainsi pris à revers ! Ils veulent démonter un mécanisme et s'en extraire, mais ce mécanisme finit toujours, ironiquement, par les asservir et broyer à nouveau. On voit très bien cette situation impossible à infléchir dans *99 francs*, film de Jean Kounen (2007), d'après le roman de Frédéric Beigbeder.

Comment expliquer cet aveuglement ? Je pense aux nobles qui assistaient aux pièces de Beaumarchais, et qui applaudissaient aux critiques mêmes dont ils y faisaient l'objet. Ne les comprenaient-ils pas ? Ou bien succombaient-ils à un vertige masochiste ? Ou les deux ?

*

Dans ces conditions, pourquoi faire une œuvre, si le nom seul de l'artiste suffit ? La notoriété dispense aujourd'hui de tout le reste, et s'auto-suffit.

Je pense alors aux « œuvres » de l'« artiste » John Hamon, qui ont consisté en 2019 simplement en projections lumineuses de son nom sur divers monuments célèbres, comme la Tour Eiffel ou la Pyramide du Louvre, ou bien en collages de son portrait sur des affiches d'expositions de prestige, telles celle consacrée alors à Léonard de Vinci. Ainsi sur son profil Instagram on a pu voir ce portrait se superposer, par la magie du numérique, sur celui de la Joconde : Mona Lisa y devient « *Hamonalisa* »

Son slogan est :

C'est la promotion qui fait l'artiste, ou le degré zéro de l'art.

On pense peut-être au *Degré zéro de l'écriture* de Roland Barthes, mais aussi et surtout à la formule de Warhol, selon lequel dans notre monde moderne chacun peut avoir son « quart d'heure de célébrité ». À voir le *buzz* que peuvent faire les médias ou Internet à propos de quiconque, on ne peut que lui donner raison. Le narcissisme de chacun est sans limite, et comme Érostrate personne ne se satisfait de son anonymat. Voyez par exemple l'engouement actuel pour le selfie.

Encore l'*Urinoir* (*Fountain*) de Marcel Duchamp bénéficiait-il du contexte valorisant d'un musée. Il profitait arbitrairement d'un potentiel de confiance, d'une *fiducia* essentielle procurée par le lieu lui-même. Mais ici il n'y a même pas d'objet, il n'y a qu'un nom, qui suffit. Il y avait autrefois des œuvres sans auteur, il y a maintenant des auteurs sans œuvre.

5. La Tentation du silence

J'ai parlé du passage de la déconstruction à la destruction. Mais comme toujours, l'aboutissement final d'un processus ne doit pas préjuger de l'intention qui lui a donné naissance. Celle-ci peut être très compréhensible, même si celui-là est catastrophique.

Dans le cas de l'Art abstrait, par exemple, l'artiste a au départ beaucoup de justifications intéressantes à produire par rapport à ce qu'il fait. Par exemple, il peut dire qu'il a vu très vite l'insuffisance de ce qu'il fait par rapport à l'infini des possibles figuratifs qui se proposent à lui, et que pour lui le tableau blanc est supérieur à tout.

Théoriquement et dans l'absolu il a raison. De la même façon l'écrivain sent bien qu'aucun mot n'aura pour lui la fascination de la page blanche. Qui voit Dieu meurt, dit la Bible, et dans la parole meurt ce qui lui donne naissance. Toute œuvre, disait Walter Benjamin, est le masque mortuaire de son intention. Tout doit donc s'achever par le silence pour l'écrivain, et pour le peintre par le blanc de la toile. Mallarmé a touché ce point extrême, par exemple à la fin de « Salut » :

Solitude, désir, étoile
À n'importe ce qui valut
Le blanc souci de notre toile.

Tous les aléas qui balisent la vie, incarnés par trois mots essentiels (« Solitude, désir, étoile »), ainsi que leur rappel dans le texte, ne valent pas la page blanche elle-même, source de tous les possibles et annulée par la réalisation de chacun d'eux. Pareillement pour le tableau blanc pour le peintre, à qui renvoie un des sens du vers final, dont on peut corriger l'hypallage de qualification en : « le souci de notre toile blanche. »

*

D'un point de vue spirituel même, une grande leçon s'en dégage. Une fois dissipée l'agitation phénoménale qui occupe nos yeux (la *maya* hindouiste), la réalité ultime (*brahman*) apparaît comme un vide blanc immaculé dans laquelle se fond l'âme personnelle (*atman*). C'est comme au cinéma : l'écran a beau avoir été occupé pendant toute la durée du film, avoir été le lieu de toute la vie avec son agitation, avec son bruit et sa fureur, à la fin, le film fini et les lumières allumées, il n'est que blanc pur, ne portant plus aucune trace de ce bruit et de cette fureur. Il ne porte aucune marque ni des coups de feu, ni des coups de lance, ni des coups de langue (suivant la nature du film).

Il y a donc là une justification qu'on pourrait dire métaphysique de l'abstraction, en particulier dans l'art qui choisit la voie minimaliste, ou qui tend vers le tableau blanc. Si on réfléchit bien, le signe (tout signe, mot compris), dépouillé de sa fonction mimétique ou référentielle, est finalement frappé de méfiance, eu égard à ce qu'il faudrait dire, et à l'insondable mystère du monde. Comme dit Lao-Tseu dans son *Tao-te-King*, en une formule qui semble résumer et justifier tout l'art abstrait :

La Grande Image n'a pas de forme.

En musique l'idée pourrait être la même. On connaît le morceau de John Cage *4'33" de silence*, qui est bien une remise en cause du statut attribué traditionnellement à la musique. Celle-ci traditionnellement s'isole et isole le spectateur de tout le reste, pour qu'on ne puisse écouter qu'elle. Tandis que John Cage a voulu montrer que si dans le morceau effectivement il n'y a rien qui soit pro-

102

posé, pendant son « exécution » les bruits environnants ou créés par l'auditeur (c'est le cas des bruits internes de son corps) sont perçus. C'est une expérience de méditation dite de « pleine conscience » (*mindfulness*), Cage étant familier du bouddhisme zen, et hanté par la notion de Vide.

L'essentiel dans toutes les traditions religieuses est la perception du Vide (*Mu*, en japonais, caractère gravé sur la tombe du grand cinéaste Ozu). Quand Pompée, en 63 avant J-C, s'empara du temple de Jérusalem, il fut stupéfait de constater que le lieu le plus intérieur du temple, son centre, le Saint des Saints, était un espace vide. Voyez aussi une autre modalité du Vide dans le *nada* (« rien ») des mystiques espagnols par exemple. Rien d'existant ne peut rendre compte de l'Absolu. C'est aussi l'option de la théologie négative, dite aussi *apophatique*, selon laquelle on ne peur rien dire de déterminé sur Dieu, qui excède toute détermination.

À cette expérience spirituelle font sans doute écho les « peintures blanches », dont la première fut peut-être Le *Carré blanc sur fond blanc*, une huile sur toile, peinte par Kasimir Malevitch en 1918. Appartenant au mouvement du suprématisme, elle consiste en un carré de couleur blanche, peint sur un fond d'un blanc légèrement différent. On peut y voir comme un écho parfait au blanc mallarméen.

De toute façon, on nous dit qu'un parfait monochrome, qu'il soit blanc, bleu ou autre, n'est jamais pareil à lui-même, mais qu'au contraire il change à tous les instants suivant la lumière qui le touche – Soulages dit la même chose, à propos de son *Outrenoir*. La couleur est donc modulée, change selon le moment où on la voit. Exactement comme le silence de John Cage, qui ne peut supprimer le bruit, et qui donc dans l'absolu n'existe pas.

*

Tout cela est juste, en théorie. Mais je dirai maintenant qu'une œuvre n'est pas qu'un dispositif d'expérimentation sensorielle. Ce peut être une mise en scène intéressante, qui appartient au domaine de la psychologie, de la psychologie sociale ou de la sociologie, etc., mais qui n'appartient pas, par l'intention didactique qui l'inspire et la pilote, au domaine de l'art. Ce dernier nécessite plus de profondeur, et je dirai d'ambiguïté.

Dans ce sens, et de toute façon, l'œuvre doit proposer quelque aliment substantiel à l'esprit. Sinon le peintre portraitiste par exemple peut proposer simplement un miroir où le spectateur se verrait changer à chaque fois : ce serait un *Portrait variant* !

En 1882, à l'occasion de la première « Exposition des Arts incohérents », les Parisiens pouvaient admirer un tableau noir entouré d'un cadre doré, ouvre du poète Paul Bilhaud (1854-1933), intitulée : *Combat de nègres dans une cave pendant la nuit*. Très inspiré par ce tableau, Alphonse Allais exposa ensuite un bristol blanc immaculé portant ce titre : *Première communion de jeunes filles chlorotiques par un temps de neige*. Puis il exposa un monochrome rouge : *Récolte de tomates sur le bord de la Mer Rouge par des cardinaux apoplectiques*. Ces légendes montrent au moins que l'esprit, dans tous les sens du mot, fonctionne toujours face à un monochrome ! Et on peut se demander si les *Bleus* d'Yves Klein n'ont pas été inspirés par Alphonse Allais...

On a accusé Yasmina Reza d'avoir, dans sa pièce *Art*, caricaturé démagogiquement le Tableau blanc, en mettant facilement comme Allais les rieurs de son côté. En réalité elle a plutôt voulu, il me semble, critiquer le snobisme qui peut s'attacher à sa défense. L'ironie des uns répond ici à la morgue des autres.

Cette exclusion du grand public dans l'art contemporain est d'ailleurs un très grave problème, traité par exemple dans le film d'Agnès Jaoui *Le Goût des autres*, et dans celui de Ruben Östlund *The Square* (palme d'or à Cannes en 2019). Les partisans inconditionnels de l'art d'aujourd'hui devraient cesser de penser que ceux qui ne l'aiment pas sont des ignorants, et de les accabler de leur mépris.

Pour le fond de la question, même si selon la Bible qui voit Dieu meurt, ce n'est pas une raison pour ne rien dire, ou ne rien faire, ne serait-ce que pour mesurer les écarts entre ce qu'on a fait et ce qu'on voulait faire. Voyez ce que dit Edmond Jabès :

Dieu est le silence qu'il nous faut rompre.

Bien sûr la tentation du silence existera toujours. Dans le langage, voyez l'aposiopèse, ou le discours suspendu (parfois appelé « réticence »). Si voulant menacer quelqu'un par exemple je lui dis : « Je vais vous... », et que je laisse mon discours en suspens, j'opère une ellipse expressive lourde de sous-entendus.

Mais on voit que l'aposiopèse n'est que provisoire, et ne saurait constituer une alternative au discours suivi. Il en est de même de toutes les hésitations langagières qui ne sont que des coquetteries, telle la prétérition (dire qu'on ne va pas parler de quelque chose mais le faire dans le même temps), ou de l'hésitation feinte (« Parlerai-je de... »). Ce dont on dit qu'on ne va pas parler, ou qu'on hésite à le dire, on le dit tout de même. Ce ne sont là que des pseudo-refus de dire.

... « Royauté du silence », dit Breton dans *Nadja*. Et le dernier mot du bavard Hamlet est aussi « Silence ». Bien sûr, rien n'est vrai que ce qu'on ne dit pas. Ce que nous disons et faisons ne vaudra jamais, c'est vrai aussi, tout ce que nous pourrions dire et faire d'autre. La plus belle œuvre est celle qui n'a pas encore été écrite ou faite. C'est aussi un grand privilège que de n'avoir encore rien fait. Ces constatations sont vraies. – Mais elles peuvent alimenter la paresse à créer, et surtout : IL NE FAUT PAS EN ABUSER.

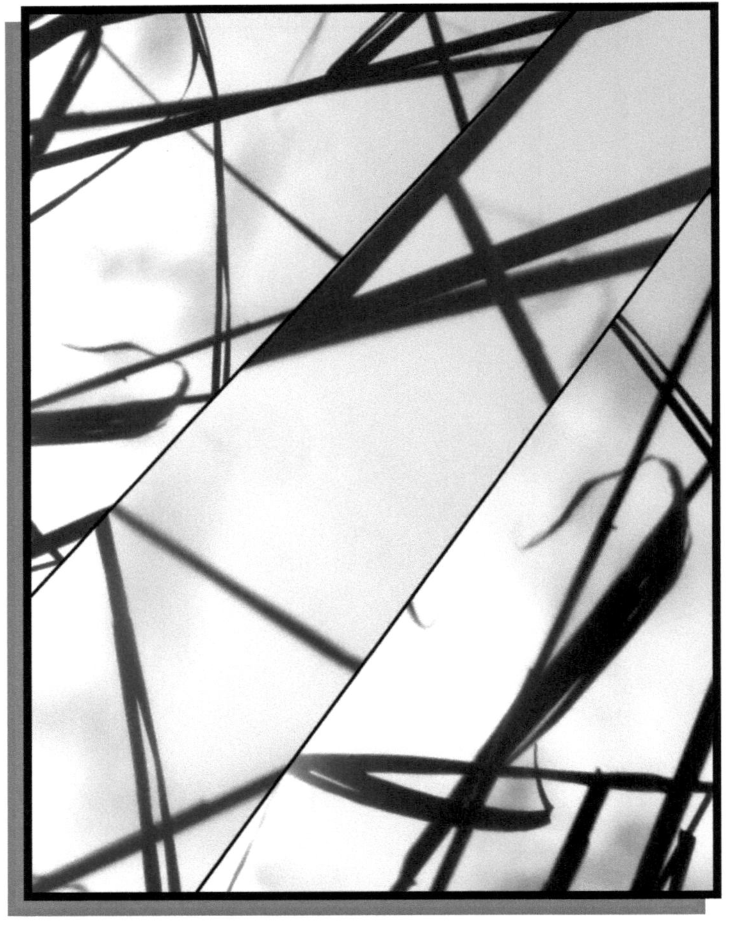

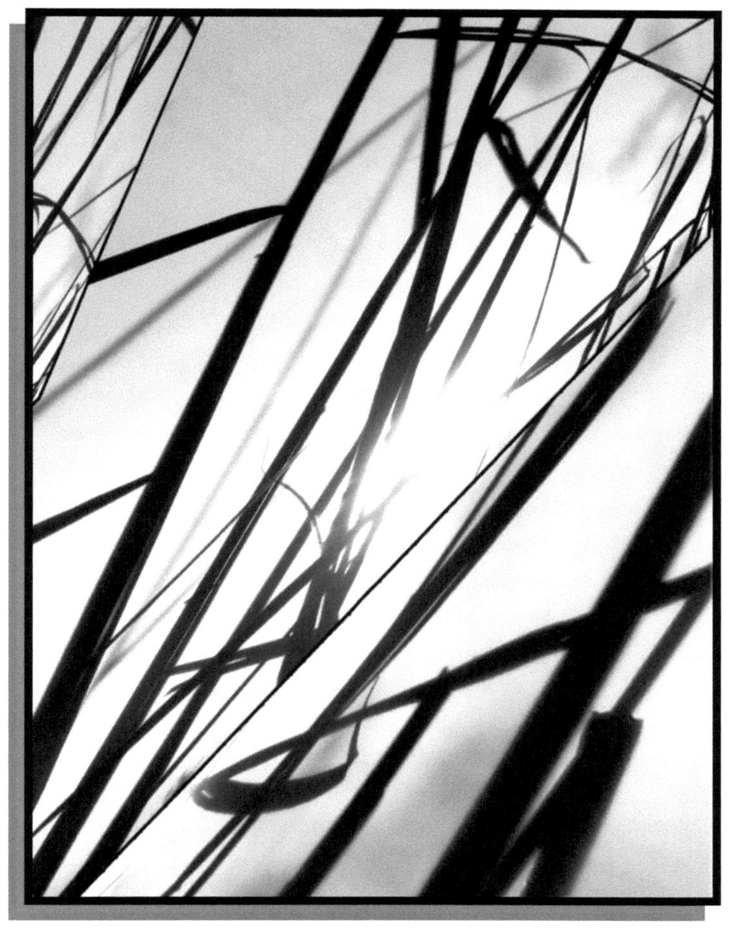

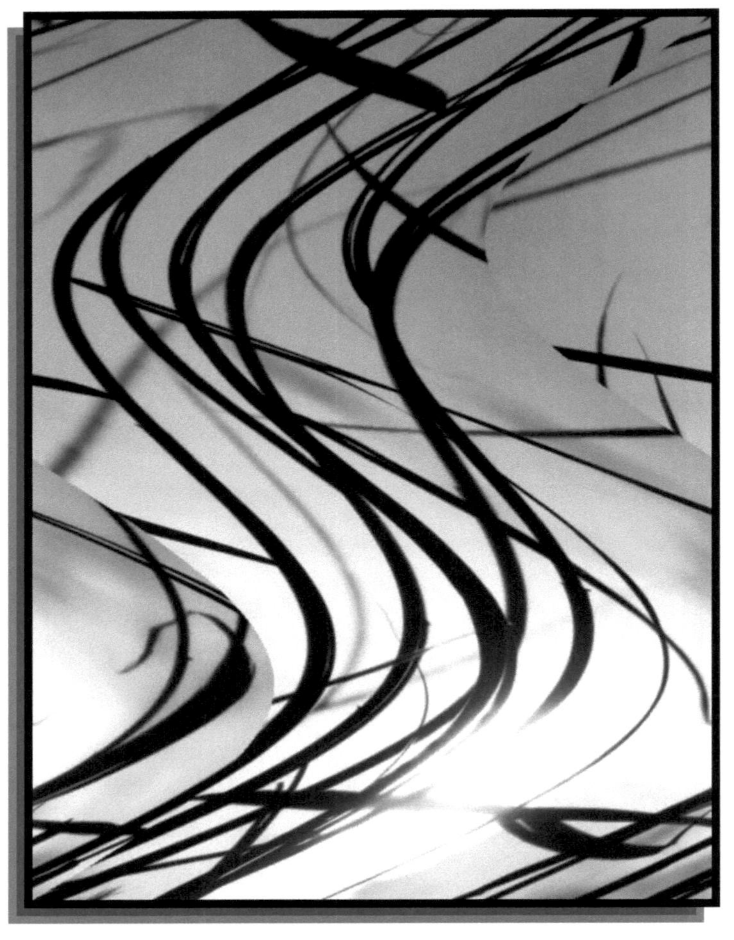

6. La Fin de l'Œuvre

Michel Foucault à la fin de son livre *Les Mots et les Choses* a parlé de la « mort de l'Homme ». Je pense que de la même façon on pourrait parler aujourd'hui de la « mort de l'Œuvre ».

Déjà elle se voit quand elle est remplacée par le discours qu'on fait sur elle, les déclarations d'intention dont elle est le support, l'occasion ou le prétexte, et qui finissent par la remplacer.

Par exemple les œuvres « minimales » dont il a été question précédemment (John Cage, Malevitch) ne sont œuvres que par le discours que leurs auteurs ont fait sur elles, et que j'ai moi-même relayé en l'amplifiant et en développant ses perspectives.

Mais on peut aller encore plus loin, et dire que l'intention, le projet de l'œuvre sont suffisants : point n'est besoin que cette dernière existe vraiment. C'est le propos de l'art dit *conceptuel*. Pour lui, l'intention de l'œuvre compte seule, qu'il y ait, ou non, une œuvre qui la suive est sans importance.

Ainsi l'artiste états-unien Lawrence Weiner proposa un jour par écrit de « faire une action déterminée », par exemple lancer une balle dans les chutes du Niagara. L'action a eu lieu et Weiner a précisé que l'action aurait pu ne pas être réalisée puisque l'important c'était la proposition écrite. Pour lui, le texte est en effet la meilleure forme de présentation de son travail.

J'ai cité la phrase de Benjamin, selon lequel toute œuvre est le masque mortuaire de son intention. Et il est vrai que toute réalisation est toujours en retrait par rapport à son projet. L'intention y meurt. Comme dit Spinoza, « Toute détermination est une négation » – *Omnis determinatio est negatio*. C'est le tragique de tout choix : il est le regret de ce qui n'est pas choisi, car toute préférence pour une chose est le refus de tout le reste.

Et décider, c'est aussi trancher, c'est-à-dire tuer. N'oublions pas que chez les anciens Grecs Apollon, le dieu de la clarté, pouvait être vu avec « un couteau à la main », selon le titre du livre que Marcel Détienne lui a consacré. Le soleil dont il tirait son surnom (*Phoîbos*) est le meurtrier des étoiles, auxquelles il succède.

Remarquez que ce qui est vrai de l'art l'est aussi de la vie en général. Il y faut toujours laisser à *désirer*, et il faut y regarder à deux fois quand on formule des vœux : les dieux peuvent nous punir en nous exauçant. Comment échapper dans la vie à la malédiction de tout accomplissement, c'est la question que je me suis posée dans un ouvrage consacré à la recherche spirituelle : *La Source intérieure*, BoD, 2017 – Par exemple dans le chapitre 9 : « Les Deux mondes ».

Les expositions d'art conceptuel ne sont souvent que des exposés de déclarations d'intention. Dans les « expositions », des feuilles imprimées à consulter çà et là remplacent les œuvres elles-mêmes. C'est comme si on avait la notice de montage d'un objet, mais sans que les pièces composant l'objet lui-même soient présentées. Ou bien un mode d'emploi, sans l'objet auquel il s'adresse.

Certes, depuis Duchamp, on sait que l'œuvre est entièrement faite par le spectateur. C'est à ce dernier d'imaginer les choses à partir de ce qu'il voit. Et moins il en verra, plus il pourra imaginer. Le meilleur exemple de cette situation me semble être l'épisode du *Petit Prince* de Saint-Exupéry, où l'enfant demande à l'aviateur de lui dessiner un mouton. Aucun mouton ne le satisfaisant, l'aviateur lui dessine une caisse, en disant que le mouton qu'il veut est dedans. C'est évidemment un mouton imaginé, rêvé.

Cet apologue est irréfutable dans son ordre. Il détruit toute ambition réaliste ou mimétique de l'Art. Mais peut-on en faire un programme ?

*

D'abord, et de toute façon, il faut qu'il y ait un objet quelconque, un *analogon* au sens sartrien, qui serve de support à l'imagination (comme la caisse du Petit Prince). Sinon on ne rêve pas vraiment, on rêvasse sur du vide. La simple lecture d'un programme ou d'une déclaration d'intention ne remplace pas l'objet.

Mais même quand un objet véritable est proposé, comme les *ready-made* de Duchamp, la multiplicité sans limite des imaginations et la pansémie possible des associations mentales et langagières condamnent chaque spectateur au solipsisme. Si cette vision triomphait, on verrait errer à l'aventure des solitudes se côtoyant, habitées de rêves inconciliables, chacune cantonnée à son propre monde, monades repliées sur elles-mêmes. Aucune communication, aucun partage ne seraient possibles dans ce monde sans lien commun, sans vision collective fédératrice. Mais j'ai bien peur, malheureusement, que ce tableau corresponde aujourd'hui à la réalité.

... Supposons que j'expose, dans un musée, un balai. Pourquoi pas ? Ce serait mon *ready made* à moi... Je laisse de côté la toujours possible réaction hostile de la part du spectateur. Les interprétations du public pourront se faire selon deux voies : soit la voie réaliste de la synecdoque-métonymie, soit la voie idéaliste de la métaphore. Par cette idée de deux voies majeures possibles dans la lecture de l'image je précise ce qu'on entend d'habitude dans la lecture de l'image par les *connotations*, ce à quoi on pense après avoir fait l'identification du sujet (la *dénotation*).

Pour la première, on verrait dans le balai une partie du corps du balayeur (synecdoque particularisante), ou son instrument de travail (métonymie instrumentale). En fait les deux sont possibles car intimement liés, et on peut parler souvent, pour caractériser ce chemin de lecture, de synecdoque-métonymie. En élargissant, on irait vers le monde du travail en général, pourquoi pas son antagonisme avec le monde du capital, la lutte des classes, etc. Le balai, comme la faucille et le marteau dans le feu communisme, serait, par la liaison *logique* entre les réalités rapprochées, un symbole métonymique.

Maintenant, pour la seconde voie, celle de la métaphore, le chemin serait celui de l'*analogie*. C'est l'idée de balayage, de mise au propre qui s'imposerait à l'esprit : un nettoyage du monde intérieur, nécessaire ou non, selon qu'il est volontaire (fruit d'une résolution spirituelle) ou subi (lavage de cerveau par exemple). Le balai, par l'analogie ou la ressemblance qu'il offre avec de tout autres domaines, serait un symbole métaphorique.

On ne choisit pas forcément de façon libre entre les deux voies. Certains, de tempérament plutôt réaliste, interprètent ce qu'ils voient par la voie de la synecdoque-métonymie ; et d'autres, plutôt idéalistes », par la voie de la métaphore. Il y a là deux types d'esprits bien différents. Ainsi il y en a qui voient des métaphores partout, et d'autres nulle part. On ne peut rien y changer.

On voit bien ici deux choses. D'abord, comme déjà indiqué, les figures de l'expression sont aussi des figures de l'interprétation. Aussi bien le lecteur du texte que le spectateur de l'image sont convoqués pour faire le sens.

Ensuite et surtout, vu la différence essentielle et incontournable entre les interprétations qu'on peut en faire, exposer un *ready made* sans légende et sans contexte pour l'éclairer condamne le public à se renfermer sur son monde intérieur, et comme je l'ai dit au solipsisme.

6. *La Fin de l'Œuvre*

Il ne peut y avoir entente commune et partage collectif, car si la polysémie de l'œuvre est toujours excellente, sa pansémie pose problème, et conduit à une impasse. N'importe quoi se dit sur n'importe quoi. Abreuvé d'images où chacun projette ce qui l'arrange, sans vision commune avec ses semblables, le public participe alors de ces *Foules sentimentales* errantes et hébétées dont parle Alain Souchon.

Ce n'est pas pour rien, il me semble, que Duchamp se soit arrêté de peindre, et ait fini sa vie en jouant aux échecs.

*

Lancer une balle dans les chutes du Niagara (voir supra), est-ce faire une *œuvre* ? Un simple acte, même spectaculaire, en est-il une ? N'y a-t-il pas là un abus de mots ?

Je pense par exemple à ce qui s'est passé au musée d'Orsay le 29 mai 2014, et que la presse a relayé. Une « artiste » luxembourgeoise s'est assise par terre, cuisses ouvertes, dévoilant son sexe, sous la toile de Courbet *L'Origine du monde*. Elle a été emmenée par la police, mais finalement elle a été relâchée, et le délit d'exhibitionnisme n'a pas été retenu contre elle.

L'intéressant est ce qu'elle a déclaré à propos de son acte :

> Il s'agit d'une œuvre d'art, réfléchie depuis au moins huit ans. Ce n'est pas un acte impulsif, c'est mon regard d'artiste qui compte. L'exhibitionnisme ne parle de rien, ce n'est pas un acte de création.

Et elle a défendu sa performance au moyen d'une vidéo de plusieurs minutes, visible sur Internet, où sur fond d'une musique religieuse d'*Ave Maria*, elle dit : « Je suis toutes les femmes ». Son acte est dans son esprit une

115

protestation féministe contre la censure machiste, la même qui en son temps a décrété obscène le tableau même de Courbet.

On peut être d'accord pour dire qu'elle s'est livrée à une manifestation, peut-être ou sans doute pertinente, comme celles des *Femen* qui s'exposent seins nus pour défendre leurs idées. Mais pas du tout avec le fait que cet acte est une « œuvre d'art ».

En effet, l'art exige toujours la médiation d'une activité spécifique, très souvent longuement et durement apprise, et la mise en œuvre d'un matériau qui lui est propre : il n'est pas la vie, il la représente ou l'évoque. Le fossé est grand qui sépare, par exemple, l'image d'un corps avec la vision brute et brutale de ce corps.

Le geste même d'un acteur n'appartient pas à sa vie réelle, l'art s'y manifeste par l'artifice : voyez là-dessus le *Paradoxe du comédien* de Diderot. De là viennent les impostures de beaucoup de performances, happenings, installations, interventions modernes : la nécessaire « digestion » de l'art, le fossé entre l'art et la vie n'y sont pas respectés.

L'intention de cette « artiste » ne confère pas le statut d'œuvre à ce qu'elle a fait. Ce n'est pas parce qu'on a une idée que cela suffit à faire une œuvre. Dans la réalisation de cette dernière il y a tout un domaine spécifique à maîtriser. On confond les perspectives ici, et aussi la particularité irréductible de chaque domaine.

J'ai déjà mentionné le mot de Mallarmé à l'adresse de Degas, qui lui disait qu'ayant beaucoup d'idées il se sentait prêt à écrire un poème : « On ne fait pas un poème avec des idées, mais avec des mots. » Pareille naïveté est partagée par beaucoup, qui parce qu'ils fourmillent d'idées s'imaginent que cela suffit pour écrire un beau texte. Voyez aussi ce que dit Jean Cocteau :

La poésie cesse à l'idée. Toute idée la tue.

L'art contemporain, hélas, s'arrête très souvent à l'idée, au concept, qui seuls tiennent lieu de réalisation — et dispense aussi de maîtriser une technique spécifique. C'est à quoi notre « artiste », conceptuelle à sa manière, aurait pu réfléchir.

Autre exemple, celui-là fort plaisant, vu en 2017. L'« artiste » français (autoproclamé ?) Abraham Poincheval a passé trois semaines à couver des œufs, enfermé dans une boîte en plexiglas au vu du public, au Palais de Tokyo à Paris. Pour son « premier travail avec du vivant », il a été récompensé de sa patience : un premier poussin vient d'éclore, lui confirmant qu'il avait lui aussi le pouvoir de « donner la vie ». Bref, il a réalisé ce que Maupassant avait imaginé dans sa nouvelle *Toine*.

Il n'en est pas à sa première tentative : il a déjà passé huit jours dans un trou sous une pierre d'une tonne, deux semaines à l'intérieur d'un ours naturalisé, une semaine sur une plate-forme à 20 mètres au-dessus du sol devant la Gare de Lyon, traversé les Alpes-de-Haute-Provence en poussant un cylindre qui lui servait d'abri, et vécu à bord d'une bouteille géante (6 mètres de long) en remontant le Rhône.

Dans le film de Ruben Östlund *The Square*, déjà signalé, un happening montre un homme imitant un singe, provoquant et agressant toute une société de grands bourgeois qui restent sans réaction, allant jusqu'à menacer de violer une invitée, lors d'une soirée de cérémonie organisée par un grand Musée. Le propos du conservateur était de dénoncer l'apathie de groupe, concept sociologique selon lequel quand ils sont en nombre les hommes ne viennent pas spontanément en aide à quelqu'un qui se trouve en difficulté. Mais s'agit-il là d'une *œuvre* ? Au mieux c'est une expérience psychosociologique, analogue à celles que Milgram a faites aux États-Unis sur la soumission à l'Autorité.

Ce film répète un happening qui a eu vraiment lieu dans un musée de Suède, et où un acteur déguisé en singe a réellement mordu un spectateur. Le lendemain, la presse titrait en rapportant ce cas : « L'Œuvre d'art m'a mordu » !

On trouvera d'autres exemples de ces performances, plus bizarres les unes que les autres, mais toujours se voulant des « œuvres », dans le film *La Grande Bellezza*, de Paolo Sorrentino (2013), qui raconte la recherche de sens d'un esthète blasé dans un monde décadent prêt à tout « gober ». L'ombre de Fellini (de *La Dolce Vita* par exemple) passe sur ce film.

En particulier il y est question d'une enfant « prodige » qui se recouvre de peinture et se roule sur une toile qu'elle macule, pour ainsi produire une œuvre « géniale ». Indépendamment du ridicule de la chose, c'est de toute façon oublier que l'enfant, souvent artiste, n'est pas un artiste, car il ne sait pas reproduire ce qu'il a fait. Qui se souvient encore de Minou Drouet ?

Parler d'« œuvre » ici est une pure escroquerie verbale. Il ne faut pas mélanger des domaines qui n'ont pas la même finalité. De tels « exploits » relèvent du spectacle, du cirque ou du sport, ou bien de la téléréalité. Il est absurde de parler d'« art » à leur propos. Une posture, une mise en scène, une expérience, même intentionnelles et voulant faire réfléchir, ne sont pas de l'art, car dans leur projet et leur réalisation elles présupposent leur conclusion, et l'art n'a rien à voir avec la démonstration.

En outre, la danse et la pantomime ont leur domaine propre, ainsi que sport et le cirque. Il me semble que quand on mélange sans réflexion les différentes « propositions » au prétexte d'un art « total », on affaiblit le

poids de chacune, et on ne gagne rien à cette bouillie –
sauf à penser qu'on réduira la faiblesse de chacune en la
fondant dans les autres.

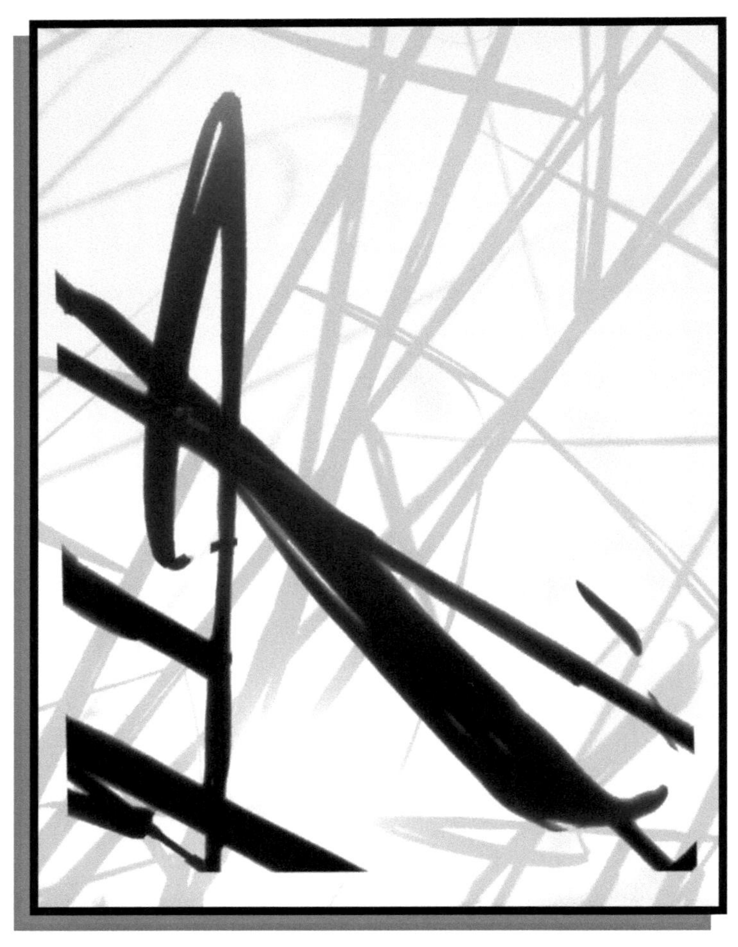

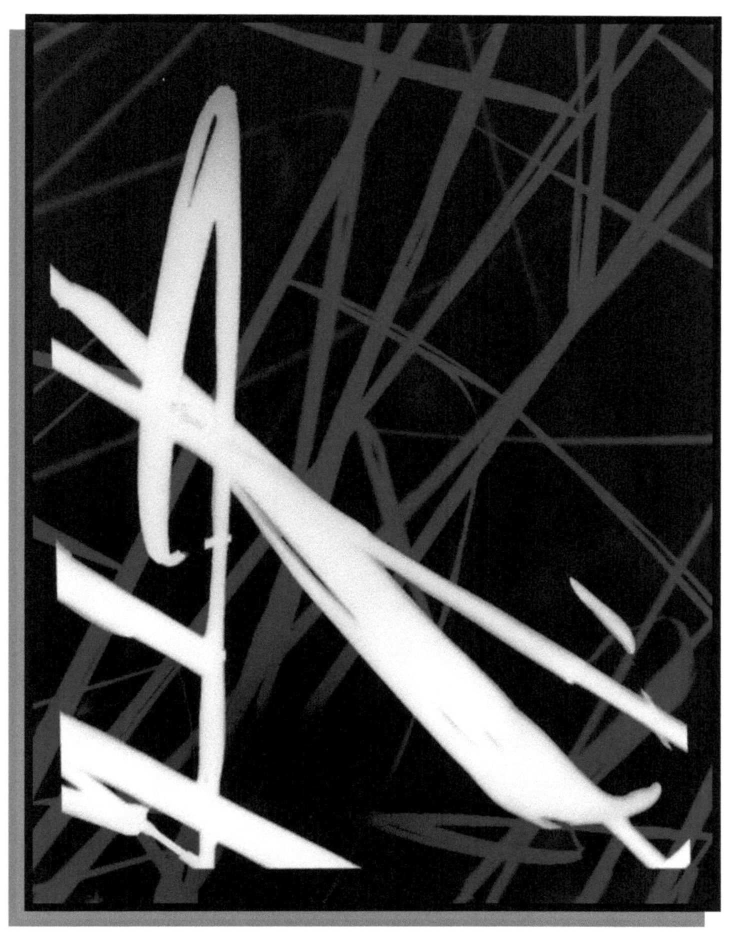

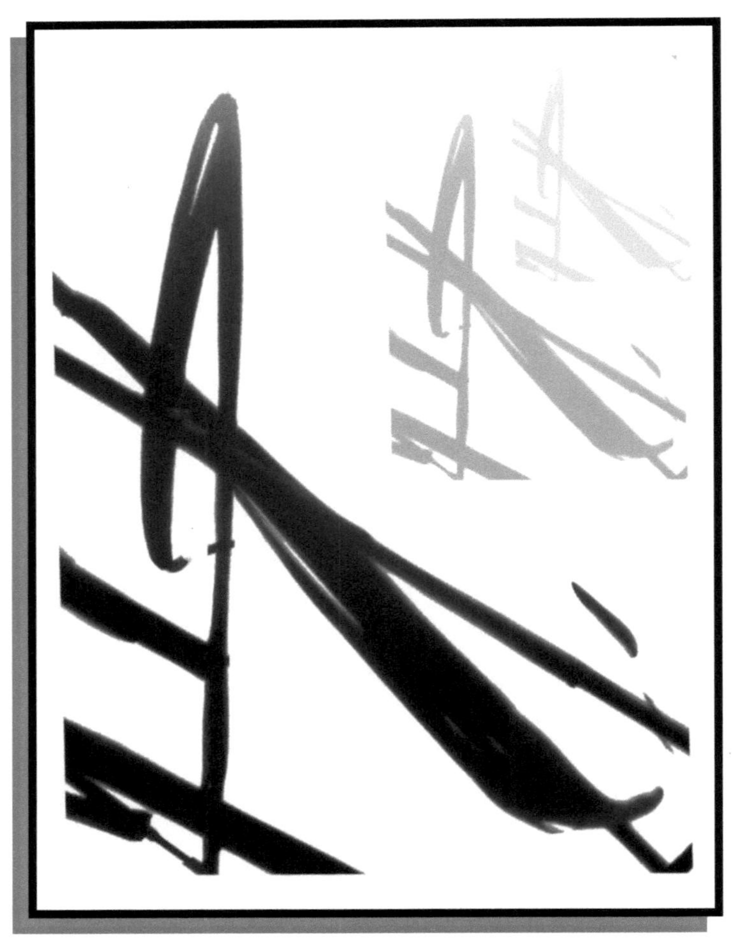

7. Un Monde formel

L'état de l'Art à une époque reflète celui de la civilisation au même moment, et c'est ici ce dont il va être question.

Les déconstructions artistiques apparaissent quand disparaissent les « englobants » divers (religions, visions du monde, idéologies collectives partagées), qui cimentent les sociétés. Exactement comme on s'intéresse au langage et à ses possibilités lorsque le contenu qu'il véhicule naturellement est relativisé. Quand s'éloigne le sujet, auquel au début il est subordonné et devant lequel il s'efface, le signe lui-même devient présent à la conscience. Il s'examine lui-même, en vertu de sa fonction *métalinguistique* (le langage parle de lui-même). Dans le même mouvement, la pensée aussi se scrute elle-même, se met elle-même en question : ce que les psychologues appellent la *métacognition* (ou : « cognition sur la cognition ».

La naïveté, l'innocence des débuts, sont perdues. C'est l'heure du bilan, le propre des cultures mûries, après la construction, l'édification du début. On passe de la quête enthousiaste d'une nouvelle culture à l'enquête dubitative sur ses fondements. De l'épopée au roman, par exemple : voyez là-dessus *La Théorie du roman*, de Lukacs : dans l'âge du roman, « Il n'y a plus de Totalité spontanée de l'Être ». C'est ainsi que, dans l'histoire des cultures, et selon le mot d'Élie Faure dans *L'Esprit des Formes*, tout se construit par le cœur et se détruit par l'intelligence. C'est ce que j'ai appelé, dans mon livre *La Culture générale expliquée* (op. cit.) la « Déconstruction des constructions ».

L'autonomisation de la forme, toujours subordonnée au fond dans les débuts des cultures, fait désormais de l'art et de l'écriture des activités réflexives.

Prendre de la distance est aussi le propre de l'*ironie*. Hegel, dans son *Esthétique*, dit que l'Art est passé par trois phases, l'Art archaïque, L'Art classique, et l'Art romantique. Pour ce dernier, Hegel parle de la mort de l'Art, car l'ironie propre à l'esprit romantique l'empêche de s'impliquer vraiment dans la création d'une œuvre. On trouvera la même méfiance désolée vis-à-vis de l'ironie chez Baudelaire, dans « L'héautontimorouménos » (Le Bourreau de soi-même) :

Ne suis-je pas un faux accord
Dans la divine symphonie,
Grâce à la vorace Ironie
Qui me secoue et qui me mord ?

Le même poète déplore la fin des dieux, des anciennes croyances, dans un autre poème des *Fleurs du mal*, « Le Mauvais moine », auquel on pourra se reporter.

Finalement, les impasses de l'art moderne viennent sans doute de la structuration ironique qui le caractérise, qui l'empêche de créer avec naïveté.

*

On connaît la thèse de Malraux, selon lequel l'Art lui-même, que nous voyons aujourd'hui comme une activité autonome, n'a pas toujours existé. Tout commence pour lui par le règne des dieux, ce qu'il appelle dans son triptyque *La Métamorphose des Dieux* le *Surnaturel*. Puis, quand ces derniers s'engloutissent dans l'oubli, quand se produit leur *Crépuscule* (comme dirait Wagner), viennent les fictions et rêves individuels auxquels le langage encore se subordonne et qu'il sert fidèlement : c'est l'*Irréel*. Enfin, vers la moitié du XIXe siècle chez nous (en peinture, Malraux dit avec Manet) apparaît l'art autonome, dégagé de tout souci d'incarner des fictions, qui pourra se prendre lui-même pour sujet, objet d'enquête et de réflexion. Ainsi l'Art au sens où nous l'entendons aujourd'hui, indépendant de son contenu, ne s'occupant plus de servir les dieux comme jadis, et les aspirations humaines comme naguère, n'a pas toujours existé.

Des cathédrales de Monet, totalement intériorisées dans l'âme de l'individu moderne, Dieu assurément est absent. Et la touche simplement esquissée et évasive de Manet supprime la signification humaine du sujet. J'ai rappelé le mot de Malraux :

> Un tableau de Manet est le sujet, moins ce que ce dernier signifie.

Et pas plus que l'Art conçu comme autonome, le Musée non plus n'a pas toujours existé. C'est un cimetière de croyances, qui implique un parfait agnosticisme du regard. Quand une œuvre sacrée entre au Musée, elle change de monde. Elle y est admirée, et non plus priée. Sa sphère d'existence originelle n'existe plus. Cela fait une énorme différence.

Le danger évidemment ici est le formalisme. On le voit maintenant, et notre langage le montre, quand l'artiste devient, comme aujourd'hui, le *plasticien*. Et très dangereuse aussi est l'appréhension seulement formelle des œuvres. Ainsi le *Nouveau-né* de Georges de La Tour a peut-être déjà des traits du style cubiste, ce que bien plus tard on a pu remarquer, mais ce n'est pas qu'un tableau cubiste. C'est une Nativité, avec ce que ce contenu implique en matière de dogmes et croyances religieuses. Pour bien saisir le sens du tableau, on ne peut pas faire l'impasse sur leur connaissance.

On devrait y regarder à deux fois, avant de prétendre pouvoir jouer impunément sur des formes dont on oublie la vraie signification, qui n'est pas purement plastique, mais avant tout *humaine* :

> Un grand artiste qui ne connaîtrait outre les œuvres contemporaines, que les qualités spécifiquement plastiques des œuvres du passé, serait le type supérieur du barbare moderne : celui dont la barbarie ne se définit plus par le refus de la cité, mais par le refus de la qualité humaine. Si notre culture devait être seulement celle de notre sensibilité aux couleurs et aux formes, et de ce qui s'en exprime avec acuité dans les arts modernes, elle ne serait pas même imaginable...
> (Malraux, « La Monnaie de l'Absolu », – *Les Voix du Silence*, Gallimard, 1951 –, p.605)

Par exemple, un héritage artistique ne se conteste que si préalablement on le connaît bien, on le goûte, éventuellement on pourrait le recréer, l'incarner : cela est loin d'être toujours le cas.

Un écrivain est quelqu'un qui d'abord lit les livres des autres, le plus qu'il peut, et ensuite les brûle (symboliquement) pour trouver sa propre voix. Un artiste de même : il va d'abord au Musée, emplit son regard des œuvres des autres, éventuellement s'exerce à les copier, et ensuite seulement va sur le motif. Il faut certes brûler et détruire (en soi) Bibliothèque et Musées, mais après les avoir longtemps fréquentés. Seul peut détruire celui qui sait construire.

De beaucoup de peintres abstraits, par exemple, on n'est pas sûr aujourd'hui qu'ils maîtrisent le dessin académique. On peut rappeler le mot de Nietzsche :

> La surdité n'est pas la meilleure façon d'entendre la musique.

Aujourd'hui aussi il y a un déluge d'images qui contribue à la diminution de leur aura. Walter Benjamin l'a montré, dans un livre essentiel de 1936, *L'Œuvre d'art à l'époque de sa reproductibilité technique*. Et encore ne connaissait-il pas Internet, où tout l'univers iconique mondial est disponible ! Il n'est pas sûr que cette banalisation et cette permission constante des images soit une bon moyen de les mieux sentir et servir. Leur juxtaposition peut annuler leur poids, en supprimant leurs différences qualitatives et substantielles.

L'approche ludique de l'art est évidemment tentante par la désacralisation qu'elle opère. Mais le résultat est un peut court. Qui est au fond le plus heureux, celui qui peint la Joconde ou celui qui, comme Duchamp, lui dessine des moustaches ?

*

Nous vivons, il me semble, un monde où la Décoration et le Formalisme sont généralisés. Et si l'on y réfléchit, c'est proprement le monde de ce qu'on appelle l'*Esthétique*. Comme l'Art conçu comme autonome, comme le Musée, elle non plus n'a pas toujours existé.

Ce mot en grec signifie sensation (voyez « anesthésie », absence de sensation). Le premier chez nous à avoir séparé la forme immédiatement sensible et le contenu de l'œuvre, est Kant, dans son *Analytique du Beau*, lorsqu'il définit l'art comme une « finalité sans fin », et la contemplation artistique comme une activité parfaitement désintéressée.

La position kantienne vaut plutôt pour l'arabesque abstraite que pour le dessin traditionnellement figuratif ou mimétique. Mais même au sein de la représentation une trop grande place prise par le sujet (le contenu), pourrait rendre l'œuvre impure. C'est le sens de la formule kantienne :

> L'art n'est pas la représentation d'une belle chose, mais la belle représentation d'une chose.

Il y faut toujours faire la part du style. Valéry sur ce point (mais sur ce point seulement) dit la même chose :

> Le sujet d'un ouvrage est à quoi se réduit un mauvais ouvrage.

Sans doute le « rigorisme » artistique de Kant, homologue sans doute à son rigorisme moral, est-il dû à son protestantisme. Ce dernier, on le sait, considère avec suspicion tout ce qui relève du corps et le célèbre, au premier chef l'image mimétique, qui par magie (« image » est l'anagramme de « magie ») nous fait prendre le simulacre pour le réel. Elle est l'objet depuis toujours de tous les iconoclasmes, le protestant compris.

Ce sentiment d'un Beau absolu et désincarné, assez curieux pour l'adepte d'une religion de l'Incarnation, et en général cette méfiance vis-à-vis du seul contenu de l'œuvre font donc de Kant le fondateur de l'esthétique, ou sens de l'indépendance de la forme par rapport au contenu. On lui opposera l'*Esthétique* de Hegel, selon lequel :

> En art, comme dans toute œuvre humaine, ce qui compte est le contenu.

Mais notre modernité formelle ou formaliste est beaucoup plus kantienne à cet égard qu'hégélienne.

*

Cependant, au rebours de l'esthétique kantienne, la forme traditionnellement n'était pas autonome, elle servait le contenu. Pour Platon par exemple le Beau est la splendeur du Vrai. Il n'est que l'occasion de percevoir autre chose que lui, qui est premier dans l'ordre de l'importance. Le Beau même pour les Grecs n'était pas séparé du Bien. Un même mot, *kalos,* signifie beau et bon à la fois.

128

C'est un grand virage qu'a opéré la modernité, en séparant le Beau du Vrai et du Bien, et en ne le considérant que sous ses aspects strictement formels. C'est d'ailleurs à l'inverse de ce que chacun peut sentir, et point n'est besoin d'être platonicien pour le comprendre.

Dans le cas de l'habillement, par exemple, on peut dire que le vêtement doit servir la personne, la mettre en valeur, s'effacer devant elle. Sa vertu est de disparaître. On voit qu'une personne est bien habillée quand on ne voit pas qu'elle est habillée. Là est l'efficacité du vêtement, dans la soumission à sa fonction : il remplit bien sa tâche, qui est de parfaite subordination.

Là encore beau et bon ne sont pas séparés. D'une personne bien habillée on peut dire qu'elle est « bien ». Chez moi, dans le Midi, on dit qu'elle « marque bien ». La rupture entre « beau » et « bon », la scission axiologique ou la séparation de ces valeurs caractérise, avec l'adieu donné aux contenus, toute l'esthétique moderne. Voyez au contraire la formule de Godard sur ce qu'est (ce que doit être) le travelling au cinéma :

Le travelling est une affaire de morale.

Cet adieu aux contenus caractérise aussi le kitsch, que j'ai défini dans le livre que je lui ai consacré (op. cit.) comme le primat de la forme seule, et l'absence de tout contenu substantiel : on y discerne simplement anti-fonctionnalisme, ludisme et gratuité. Le gadget aux formes délirantes, sans aucune fonctionnalité réelle derrière lui, résume cela. La définition que donne Valéry de l'Art, et que j'ai déjà signalée (« une relation du formel et du significatif ») n'est plus de mise : seul le premier terme est reçu et admis.

Quitte à provoquer l'ire de ses admirateurs, je dirai que je peux admirer formellement une œuvre de Picasso, apprécier son habileté, la force de son trait, etc. – mais que je peux aussi ne pas en être ému. Au contraire je serai ému par une œuvre primitive, ou participant de ce qu'on appelle aujourd'hui les « arts premiers » – dont au reste Picasso a pu s'inspirer. C'est que cette œuvre (mettons un masque africain) est habitée par une croyance religieuse, ou une conviction existentielle. Ce qui n'est pas le cas toujours chez Picasso : il peut bien copier la forme, mais le contenu en est absent. Son art est fait d'expérimentations successives, sans qu'on voie qu'il puisse croire vraiment à quelque chose (hormis à la puissance de son art).

Le masque à l'origine n'était pas un objet d'art, au sens où nous l'entendons maintenant : il avait une fonction précise, utilitaire, et je dirai humaine, par exemple servir à une cérémonie, conjurer ou incarner les dieux. Mais ensuite quand on l'a, en Occident, arraché à sa sphère d'existence propre en le faisant entrer au Musée, on l'a « esthétisé ». Et beaucoup d'artistes qui s'en sont inspirés se sont contentés d'en en reproduire les caractères formels, tout lien avec son contenu étant désormais perdu.

On voit la vérité de la formule subtile de Valéry, que j'ai signalée, sur la différence entre la « sensibilité *sensorielle* » et la « sensibilité générale ou affective ». L'admiration que l'on éprouve pour Picasso relève à mon avis seulement de la première. Tandis que le saisissement que l'on ressent face au masque africain relève bien de la seconde. Il parle non pas à nos yeux, mais au plus profond de l'humanité en nous. Et même si nous n'avons plus les croyances des tribus primitives, leur souvenir qui perdure en nous (ce que Jung appelle l'inconscient collectif) continue de nous toucher.

C'est pourquoi l'art naïf peut émouvoir certains bien plus que maintes expérimentations modernes. On sent plus ou moins confusément que ceux qui s'y livrent engagent leur vie, tandis que beaucoup d'expérimentateurs ne font que jouer avec l'héritage. Les peintres naïfs (le

Douanier Rousseau, Séraphine de Senlis...), qu'on ferait mieux d'appeler les Primitifs modernes, n'ont pas étudié aux « Beaux-Arts » : mais certaines de leurs œuvres ont une gravité (j'emploie ce mot à dessein) que n'ont pas celles des tenants de l'habileté formelle.

L'art brut aussi montre parfois une implication humaine et une authenticité que n'ont pas toujours les virtuoses de l'Art. Tant la culture peut être « asphyxiante », selon Jean Dubuffet !

J'ai parlé plus haut de la mort de l'art et des dieux enfuis. Mais leur souvenir est-il éteint ? Ne restent-ils pas encore dans l'imaginaire de certains ? Ne sont-ils pas aussi enfouis ?

*

Si d'un point de vue artistique l'esthétique est une notion moderne, d'un point de vue sociologique la modernité toute entière est une esthétique. C'est même comme cela qu'on devrait la définir, ainsi que je l'ai fait dans mon livre *La Culture générale expliquée – Les Clés pour comprendre*, op. cit. – dernier chapitre « Esthétique de la modernité ».

Le formalisme y règne sans partage. Les signes y existent encore, mais il n'y a rien derrière. On y passe des signes de la culture à une culture des signes. L'homme moderne erre comme en apesanteur dans un mode d'apparences et de sensations pures, non réfléchies, un univers du *look and feel*. Rien de profond et de substantiel dans un monde du pur Décor, du Divertissement et de la Consommation, y compris celle de l'Art : voyez l'industrie des « produits dérivés » dans les musées. Tout n'y est qu'illusion et superficialité. Du néant sous des néons...

Perec a bien illustré ce règne de l'Apparence dans un livre prophétique : *Les Choses*. Même chose dans cet extrait des *Gommes*, de Robbe-Grillet, où l'on voit comment la publicité et la peinture « pure » peuvent se tenir la main (c'est la description d'un distributeur automatique de nourriture) :

> Dans la vitre de celui-ci Wallas aperçoit, l'un au dessus de l'autre, six exemplaires de la composition suivante: sur un lit de pain de mie, beurré de margarine, s'étale un large filet de hareng à la peau bleu argentée; à droite cinq quartiers de tomate, à gauche trois rondelles d'œuf dur; posés par dessus, en des points calculés, trois olives noires. Chaque plateau supporte en outre une fourchette et un couteau. Les disques de pain sont certainement fabriqués sur mesure.

Il s'agit ici d'une « composition », comme celle que fait par exemple le peintre abstrait. Les couleurs sont choisies pour elles-mêmes, pour leur « langage » propre (pense-t-on), en tout cas de façon uniquement décorative, pour plaire aux yeux : jaune, bleu-argent, rouge, noir.

Pour d'autres couleurs, et en particulier le rouge, voyez en outre comment le même romancier décrit un quartier de tomate :

> Un quartier de tomate en vérité sans défaut, découpé à la machine dans un fruit d'une symétrie parfaite. La chair périphérique, compacte et homogène, d'un beau rouge de chimie, est régulièrement épaisse entre une bande de peau luisante et la loge où sont rangés les pépins, jaunes, bien calibrés, maintenus en place par une mince couche de gelée verdâtre le long d'un renflement du cœur. Celui-ci, d'un rose atténué légèrement granuleux, débute, du côté de la dépression inférieure, par un faisceau de veines blanches, dont l'une se prolonge jusque vers les pépins – d'une façon peut-être un peu incertaine. Tout en haut, un accident à peine visible s'est produit : un coin de pelure, décollé de la chair sur un millimètre ou deux, se soulève imperceptiblement.

Ici le rouge s'associe au jaune des pépins, et au vert de la « mince couche de gelée ». C'est l'amorce d'un autre tableau, d'une autre composition formelle, mais qui ne séduit que par sa forme, car en est absent un contenu vraiment authentique. Les choses sont belles à voir, mais en réalité artificielles : « beurré de margarine », « d'un beau rouge de chimie ». Ne s'adressant qu'aux yeux, aux pupilles et non aux papilles, elles sont sans saveur aucune. Ce passage est éminemment symbolique. L'homme moderne est désinvesti de sa vraie situation d'habitant du monde.

Ce que dénonce Robbe-Grillet est d'ailleurs un bel exemple de kitsch culinaire : pure apparence séduisante et adjonction d'artifices destinés à masquer la fadeur foncière. Au contraire, la vraie cuisine, disait Curnonsky, c'est quand les choses ont le goût de ce qu'elles sont.

Qui ne voit que le monde d'aujourd'hui veut nous séduire par de belles formes et de belles couleurs, mais que le goût que nous pouvons trouver à ce qu'il nous offre existe de moins en moins ? Comme dans ces supermarchés où les légumes et fruits mis en vente ne doivent pas avoir, réglementairement, un « défaut d'aspect », mais au goût n'ont pas de saveur.

De même que la peinture s'est voulue pure et détachée du sujet, on assiste ici, selon la même évolution, à la « picturalisation » ornementale du monde.

Le prix à payer pour un monde de pure décoration est la fadeur, comme celle qui attend les deux personnages de Perec, prisonniers de ce monde factice, à la toute fin des *Choses* (ils font un voyage en chemin de fer, et s'acheminent vers le wagon-restaurant) :

> Le linge glacé, les couverts massifs, marqués aux armes des Wagons-Lits, les assiettes épaisses écussonnées sembleront le prélude d'un festin somptueux. Mais le repas qu'on leur servira sera franchement insipide.

*

Face donc à ce monde d'artifices, le problème que je poserai maintenant sera celui posé par la figuration quasi à l'identique d'un monde unidimensionnel ou sans écho mental attaché aux choses.

C'est le problème de l'antiphrase plastique posé par Warhol et le pop'art. Warhol peint-il vraiment, comme certains l'ont dit, des vanités ? Veut-il dénoncer un monde vide au moyen d'images qui le représentent tel quel ? Ces dernières sont-elles une critique de la société de consommation, ou au contraire leur chant de triomphe, leur péan ?

Là je bute sur une difficulté. Qu'est-ce qui sépare l'utilisation à l'identique d'un langage dégradé dans *La Cantatrice chauve* par exemple, et dans un tableau de Warhol ? Ce problème est celui du *point de vue* pris par l'auteur de l'œuvre sur ce qu'il montre ou dit.

Cette question du point de vue adopté par l'œuvre sur ce qu'elle montre est la plus difficile de toutes. Elle se pose bien sûr en rhétorique. On touche là à ce que Fontanier dans ses *Figures du discours* appelle les « figures de pensée ». Autant dans le langage verbal on peut définir à peu près correctement une « figure de mots » touchant au vocabulaire, ou bien une « figure de construction » touchant à la syntaxe, autant il est difficile de percevoir une « figure de pensée ».

Dans le langage oral, le ton qu'on prend peut être une indication. « C'est du propre ! » peut être, suivant le ton employé, une vérité de premier degré, ou bien son contraire : une antiphrase. Mais dans un texte écrit, il faut beaucoup de subtilité pour saisir si un discours est antiphrastique ou non. Jamais en tout cas un ordinateur ne pourra faire la différence. C'est un problème structurel : toute l'Intelligence Artificielle du monde ne pourra jamais rendre compte des complexités de la sémantique humaine.

À plus forte raison pour le « langage » de l'image. Si elle n'est pas légendée pour guider son spectateur elle peut être prise aussi bien « au premier degré » qu'au second. Ainsi s'agissant de Warhol la Boîte de soupe Campbell, la bouteille de Coca Cola, le portrait de Marylin en couleurs fluo peuvent être pris pour un éloge de l'*american way of life*, ou au contraire pour leur dénonciation.

La même chose vaut pour le pop'art et l'hyperréalisme. Ils représentent, mais ne commentent pas. Ils ignorent l'*analyse*, propre au langage des mots, qui caractérise, juge et parfois condamne sans appel.

*

Il y a aussi un formalisme de la laideur revendiquée, qu'on voit dans certaines productions contemporaines. On est parfois loin aujourd'hui des « Beaux-Arts » traditionnels. Certains « artistes » revendiquent hautement la médiocrité de leurs créations. Ils assument par exemple totalement l'idée d'une mauvaise peinture (*bad painting*).

Voyez la pratique de Jean-Michel Basquiat : l'« œuvre » est volontairement bâclée et négligée, elle mêle collages, graffitis, couleurs vives, traits grossiers, publicités, etc. Mieux, l'artiste belge Jacques Lizène revendique lui-même un *« art nul »* et des créations lamentables et sans intérêt. On peut consulter (preuve qu'il a de l'écho) sa notice sur Wikipédia.

Sur le même site on pourra voir la longue rubrique consacrée au *Museum of bad art* (*MOBA*), ouvert récemment dans le Massachussetts. Ce musée s'est fixé pour but de collecter et d'exposer des œuvres « trop mauvaises pour être ignorées ». Ses fondateurs disent que la collection est un hommage à la sincérité des artistes qui ont persévéré, malgré la catastrophe du résultat :

Nous sommes là pour célébrer le droit de l'artiste à l'échec glorieux.

De fait, la sélection est sévère, et neuf tableaux sur dix sont refusés, car ils ne sont pas assez laids. Le but est de désinhiber les candidats-artistes, en leur montrant ce qu'il y a de pire, pour les délivrer de la peur qu'ils pourraient avoir à s'exprimer eux-mêmes – quitte évidemment à ce qu'ils fassent la même chose que ce qu'ils voient...

Le point de départ de la collection a été une toile déchirée découverte dans une poubelle de Boston, par quelqu'un qui à l'origine voulait en récupérer seulement le cadre. La déchirure même en a fait la valeur. Autrement dit, tout peut toucher, et l'intérêt qu'on porte à quelque chose n'a aucun rapport avec sa qualité.

Je me demande si la distance ou le « second degré » sont de mise ici. On nous dira peut-être qu'on ne peut pas tenir le miroir pour responsable de ce qu'il reflète, et l'œuvre est laide parce qu'elle correspond à un monde laid. Mais peut-elle, avec ses seuls moyens, le dénoncer ?

*

Dans la vie, on peut toujours, certes, injurier la Beauté, et tout être qui souffre peut bien le comprendre : elle est totalement irréelle, et quel rapport y a-t-il entre elle et notre vraie vie ? Voyez dans les rues de nos villes les photos « photoshoppées » des mannequins sur les panneaux publicitaires, véritables iconostases modernes. La Beauté nous y provoque avec indécence, eu égard à ce que nous souffrons au fond de nous-mêmes, et elle peut appeler de notre part révolte, destruction iconoclaste :

> Quelquefois dans un beau jardin
> Où je traînais mon atonie,
> J'ai senti, comme une ironie,
> Le soleil déchirer mon sein ;

Et le printemps et la verdure
Ont tant humilié mon cœur,
Que j'ai puni sur une fleur
L'insolence de la Nature.
(Baudelaire, « À celle qui est trop gaie »)

On pourra comparer, dans « Contre la poésie pure » d'Aragon, ce que dit l'hirondelle endeuillée, symmbole de la résistance à l'oppression, refusant toute réconciliation :

... Je ne veux de plaisirs que ceux de mon malheur
C'est trop d'un rameau vert sur l'arbre où je me pose,
Je m'enfuirais d'un pré pour une seule rose,
        C'est une insulte qu'une fleur.

Le choix de la laideur dans l'art (Goya, Bacon...) répond à ce réflexe destructeur. Mais Rimbaud, qui lui aussi a « injurié » la Beauté, a bien pris soin de montrer l'« antidote » à ce comportement (la charité, ou l'amour chrétien)

Jadis, si je me souviens bien, ma vie était un festin où s'ouvraient tous les cœurs, où tous les vins coulaient.
Un soir, j'ai assis la Beauté sur mes genoux. – Et je l'ai trouvée amère. – Et je l'ai injuriée...
Or, tout dernièrement m'étant trouvé sur le point de faire le dernier *couac* ! j'ai songé à rechercher la clef du festin ancien, où je reprendrais peut-être appétit.
La charité est cette clef.

(*Une saison en Enfer*, Prologue)

Il laisse donc ouverte une perspective, il y a chez lui une tension entre destruction et apaisement. Là est l'humain de l'œuvre, dans le sentiment d'une complexité. C'est la part du significatif dans ce texte.

Au contraire, si sa *Vénus anadyomène* est dans sa laideur l'exact contraire de celle de Botticelli dans sa beauté :

Belle hideusement d'un ulcère à l'anus.

Cette laideur provocatrice et ricanante est seulement formelle, elle relève plutôt de ce que j'appelle le kitsch aigre, en opposition simplement au kitsch doux et sucré de l'art académique. – Voyez là-dessus mon livre sur le kitsch (op. cit).

Il en est de même chez Baudelaire : qui mettrait « Une Charogne » au même niveau que « Recueillement » ?

Un artiste, même quand il travaille sur et avec la laideur, doit *exprimer* quelque chose. Les tableaux de Bacon par exemple sont en eux-mêmes des souffrances peintes. Mais le style (la déformation expressive) est si présent que le spectateur ne peut s'empêcher, en les regardant ou même en essayant en vain de les oublier, de méditer sur la souffrance : intériorisée dans la conscience, elle devient *douleur* réfléchie, c'est-à-dire proprement humaine.

L'œuvre *signifie* alors, elle ne se contente pas de *signaler* la modernité, comme chez Basquiat, dont la composition (collages, graffitis, style de BD) me semble relever du document sociologique plus que de l'art.

Il est grave à mon avis d'oublier le significatif humain dans l'art. C'est annuler toutes les hiérarchies, tout aplatir dans l'équivalence. Lorsque Bourdieu dans *La Distinction* affirmait la relativité des jugements esthétiques, avait-il prévu le résultat de son entreprise de déconstruction ? Arroseur arrosé, ou pompier pyromane, est-on fondé ensuite à critiquer le nihilisme, à quoi aboutit nécessairement, dans le cas de l'« art nul » sus-évoqué, la mise en avant de l'échec ?

*

Mais peut-être y a-t-il, dans cette question du point de vue, humain ou pas, perceptible ou possiblement saisis-

138

sable dans l'œuvre, toute la différence entre le verbal et le visible, que je me suis constamment efforcé de comparer ici, mais qui ne me semblent pas totalement identiques.

Aucune image ne me semble dire son propre néant, avec autant de force que le texte, quand il se dénonce lui-même. Voyez : « Forêt vierge bien nettoyée » (Flaubert, *Madame Bovary*) – « Un tapis de prière en soie accroché au mur » (Perec, *Les Choses*) – « Un lit de pain de mie, beurré de margarine », « un quartier de tomate d'un beau rouge de chimie » (Robbe-Grillet, *Les Gommes*). Je pourrais ajouter, de mon cru : « Dorique du XXe siècle » (sur le complexe architectural *Antigone* de Ricardo Bofill à Montpellier), etc.

Contradictions subtiles, oxymores antiphrastiques, tout cela peut être dit, et alors tout est dit – et en bien peu de mots. Mais aucune image peinte ou aucune photo ne peut directement montrer cela. La voix aussi vient avant la lumière, il me semble, dans la Bible...

... Mais comment savoir, sinon au terme d'une enquête, que la bouche et l'œil n'habitent pas tout à fait sur le même continent ?

Enfin, je reproduis une inscription de Valéry, figurant au fronton du Palais de Chaillot à Paris, qui me semble résumer la question essentielle que j'ai posée dans le présent livre :

> *Dans ces murs voués aux merveilles*
> *J'accueille et garde les ouvrages*
> *De la main prodigieuse de l'artiste*
> *Égale et rivale de sa pensée*
> *L'une n'est rien sans l'autre*

Bibliographie

JUNG, Carl-Gustav, Problèmes *de l'âme moderne,* Buchet-Chastel, 1976. Chapitres « Ulysse » (sur Joyce), p. 407, et « Picasso », p. 439 : la descente aux enfers de l'artiste moderne *(nekuïa, katabasis eis antron).*

CAILLOIS, Roger, « Picasso le liquidateur », *Le Monde des livres, 28* novembre 1975. Article essentiel, l'un des rares textes à avoir critiqué Picasso juste après sa mort.
« Image », dans *Vocabulaire esthétique,* Gallimard, coll. « Idées », 1978 : l'imposture surréaliste en poésie.

LÉVI-STRAUSS, Claude, « Le métier perdu » (à partir des impressionnistes), *Le Débat*, mars 1981.
« Art contemporain : peintres ou imposteurs », *Le Monde des débats,* février 1993.

THÉRON, Michel, *La Stylistique expliquée – La Littérature et ses enjeux,* BoD, 2017
Laquelle est la vraie ? – Les Langages de l'image, BoD, 2018
Le Style par l'image, BoD, 2018
L'Art du peu – Haïkus, BoD, 2020
Le Kitsch – Une énigme esthétique, BoD, 2020
Petite initiation à l'Art – Dialogues pédagogiques, BoD 2021
L'Art d'écrire – Les enjeux de l'expression, BoD 2024

Résumé analytique des chapitres

1 Matériaux

Dans le langage, le brouillage des signes est maximal à partir de Rimbaud, qui généralise l'usage de la métaphore in absentia, c'est-à-dire d'une comparaison sans mention du point de départ, de l'élément comparé. Parfois on ne voit plus de quoi il est question. ■ Pareillement, dans la peinture impressionniste, la touche se brouille au point qu'on a parfois du mal à reconnaître le sujet. On pense alors à une amnésie. ■ La perception humaine fait toujours intervenir la mémoire intellectuelle. ■ Mais la peinture impressionniste ne figure que la première impression des choses, souvent indécise, et ne les ramène pas à leur identification intellectuelle, comme pourrait le faire une peinture du contour net. La difficulté à reconnaître le sujet augmente chez Monet, des Cathédrales aux Nymphéas. On passe d'une abstraction partielle à une abstraction potentiellement totale. ■ Les avantages esthétiques du flou. ■ Le choix impressionniste n'est pas forcément dû à l'apparition de la photographie. De tout temps il y a eu des peintres du contour net et des peintres du contour flou. ■ La touche indécise a deux avantages : elle rend mieux compte de l'impression sensible immédiate, et elle fait apparaître l'importance du matériau expressif lui-même : le mot pour l'écrivain, la matière picturale pour le peintre. ■ Auparavant on allait des choses aux signes. Désormais on ira des signes aux choses Différence entre rappeler et appeler. ■ Les signes se détachent de leur référent. Chaque signe ainsi libéré peut désigner alors tout autre chose que son sens habituel. Surréalité et métaphore in absentia. L'exemple de Magritte. ■ L'autonomie de la création et le sujet devenu prétexte. L'exemple de Mallarmé. ■ L'œuvre peut désormais s'ouvrir à toutes les interprétations.

■ Examen critique de tout ce qui précède. Il faut poser le problème de la communication et du partage dans l'œuvre. ■ La part du formel et la part du significatif en peinture et en poésie. ■ La perception visuelle de toute façon est figurative. L'exemple de la paréidolie. Dangers de l'abstraction picturale totale. Les rapports de l'art avec la décoration. Exemples de « suicides plastiques ». ■ Des échecs tout de même intéressants   .

2. Organisation

Après l'examen du vocabulaire (la touche picturale), examen maintenant de la syntaxe (la composition du tableau). La synchyse, ou décousu syntaxique dans le texte. Bipolarités : textes de plaisir et textes de jouissance (Barthes) ; la rhétorique et son refus « terroriste » (Paulhan). ■ Degas et Cézanne : multiplicité des visions sur une même toile. ■ Les modalités de la syntaxe verbale : hypotaxe (subordination) et parataxe (juxtaposition). Un cas de juxtaposition : l'hendiadyin (dire un par deux). Le cubisme et les portraits d'un seul visage vu sous deux angles (hendiadyins plastiques). Les images à plusieurs sens ou lectures : syllepses plastiques. ■ L'impressionnisme ne brouille que la nomination et la caractérisation (métaphore, hypallage), tandis que le cubisme brouille l'organisation du discours en mélangeant les points et angles de vue (hendiadyin, syllepse, et aussi énallage).

3. Destin des transgressions

Toutes les transgressions (figures de style) listées ci-dessus ont toujours existé dans le langage et elles le rendent plus vivant. ■ La période classique de l'expression : unification de l'espace (peinture), et unification du temps (littérature). Période archaïque et période moderne ignorent ces unifications. Modernité et simple retour à l'archaïsme. ■ Folie potentielle dans le brouillage lexical et syntaxique. Fin de l'intellect subordonnant. Primat du regard errant. ■ Les garde-fous de l'époque classique. Le guidage des métaphores et leur insertion dans un contexte. Le nécessaire trajet entre le formel (le sensible pur) et le significatif (qui permet le partage et la communication). ■ Le cadavre exquis et l'imposture surréaliste. Le hasard non contrôlé en peinture : dripping, action painting. ■ Modernité et esthétique de la parataxe généralisée. Le voisinage sans préparation et la juxtaposition hétéroclite : l'exemple du zeugme. ■ Art moderne et art des débuts. Deux sensibilités : sensorielle et affective. Le kitsch comme primat de la première sur la seconde. Fin des anciens englobants (idéologies, croyances...) et monde désorbité. ■ Problématique de l'abstraction totale : la fuite loin de l'humain. Nécessité d'un ré-enracinement.

4. La perte du sens

Le problème de la tautologie. Dans le langage, on peut douter qu'elle existe vraiment : exemple de l'antanaclase. Mais en art on peut en voir des exemples. Cas des ready made (Duchamp) : signifient-ils autre chose qu'eux-mêmes ? ■ Différence entre déconstruction et destruction. La mise en abyme et la dénudation des procédés. Un exemple de mise en abyme en peinture : Vélasquez, Les Ménines. ■ L'autonomie du geste pictural (Manet, Olympia). La peinture réduite à elle-même (Support-Surface, Soulages). ■ L'œuvre repose sur la confiance de son spectateur (Duchamp). Un phénomène humain général : la projection valorisante. La fiducia. ■ De la même façon l'art moderne vit à crédit. Comparaison avec le monde de la Consommation : ce sont des mythes qui ne vivent que parce qu'on y on croit. ■ Escroqueries : du savoir faire au faire savoir. La notoriété, seul critère de valeur reconnu aujourd'hui. Des œuvres sans auteur aux auteurs sans œuvre.

5 : La Tentation du silence

En un sens, rien n'égale la toile blanche pour le peintre, et la page blanche pour l'écrivain. ■ Signification spirituelle de cette constatation. ■ Une justification métaphysique de l'abstraction. La théologie négative. L'œuvre silencieuse (J. Cage).

L'obsession du Vide et le suprématisme (Malevitch). Les monochromes. ■ Voies sans issue. Le public ne suit pas. Ne pas abuser des positions radicales.

6 : La Fin de l'Œuvre

L'Œuvre ne tient que par le discours qui est fait sur elle, et qui peut finalement la remplacer : l'art conceptuel. ■ Le ready made (Duchamp) : la pansémie interprétative devant lui et l'absence de communication, de partage. Solipsisme du spectateur. ■ Les performances ou propositions. L'insuffisance de l'intention s'il n'y a pas maîtrise d'une technique propre.

7 : Un monde formel

Déconstructions des constructions. Fin des englobants. Époques de grande foi et époques de réflexion sur elles-mêmes. Autonomisation de la forme. Art moderne et ironie (Hegel). ■ L'art naît de la mort des Dieux (Malraux). De la foi à l'admiration formelle. Le Musée succède au Temple. Cimetière de croyances. Règne des images, du visuel. Ludisme et désacralisation. ■ Sens de l'esthétique moderne : la forme l'emporte sur le contenu. La séparation d'avec l'éthique. Le kitsch. L'habileté seulement formelle. En regard : l'art naïf (un néo-primitivisme). ■ Sociologie de la modernité : triomphe du formalisme et de l'artifice. Picturalisation ornementale du monde. ■ Incarnation ou dénonciation ? Le pop art et l'hyperréalisme. Warhol : le problème de l'antiphrase plastique et du point de vue. ■ Le formalisme de la laideur : bad painting (Basquiat). Différence entre la laideur réactionnelle, et la laideur simplement provocatrice. Kitsch doux et kitsch aigre. Le signe (expressif) et le signal. Face au formel pur, défense du significatif humain. ■ Supériorité du langage verbal pour la dénonciation.

Table